BIENVENUE À AMSTERDAM !

Au XVIIe siècle, cette Venise du Nord striée de canaux, ouverte sur un bras de mer, fut le grenier de l'Europe. Ville tolérante par tradition, elle rassemble des populations diverses, du Surinam à l'Indonésie. Trésors de la peinture hollandaise, églises de la Renaissance, hôtels particuliers, musées d'exception, entrepôts reconvertis, elle n'en finit pas de cumuler les richesses.

Ici, pas de gratte-ciel, mais des maisons étroites aux intérieurs visibles, et des allées au fil de l'eau, à peine rompues par quelques artères, comme le tumultueux Damrak. À pied ou à vélo, chacun flâne à son rythme et goûte la convivialité à tous les coins de rue. Depuis les années 2000, cependant, naît une nouvelle Amsterdam sur les anciens no man's land légués par le passé maritime, et que symbolise un aérien EYE Filmmuseum, aux formes profilées.

Ainsi, fluviaux ou terrestres, les mondes divergent-ils... Le centre historique autour du Dam et du quartier Rouge, le Jordaan bon enfant, l'élégante Courbe d'or, le Rembrandtplein gay et le Pijp estudiantin, ou encore ces quartiers excentrés qui bougent, comme le Westerpark, les îles artificielles de l'IJ qui fleurissent, et le Noord. Partout, des cafés bruns et blancs, des *coffeeshops*, des restaurants exotiques, des antiquaires, des boutiques de design, des cinémas d'art et essai, des scènes de concert éclectiques, des bâtiments industriels transformés en clubs ou en centres culturels... Avec Cartoville, la ville s'ouvre à vous !

SOMMAIRE

Les incontournables

✪ Quartier Rouge

Le quartier médiéval et le fief de la prostitution

De Wallen (**A** B3-C3)
Si Amsterdam compte trois quartiers "chauds", celui autrefois situé "entre les murs", De Wallen, reste le plus important, et est sans doute l'un des lieux les plus touristiques de la ville ! Ce lacis de ruelles d'origine médiévale, aux maisons typiques penchées par le temps, traversé de canaux étroits, cumule tous les vices : prostituées en vitrine, dealers, sex-shops, *coffeeshops*, *smartshops* aux produits hallucinogènes... C'est surtout le soir qu'il faut le découvrir, lorsque ses mille néons rouges jettent leurs feux sur l'eau. L'ambiance bat son plein après 23h et s'éteint vers 3h, à la fermeture des bars. Règles de base : ne jamais photographier les femmes en vitrine, ni acheter de vélo ou de drogue dans la rue, et rester vigilant pour éviter les pickpockets !

Histoire
Le quartier Rouge forme un triangle entre **Prins Hendrinkkade** (**A** D2), **Warmoestraat** (**A** C3)

et **Nieuwmarkt** (**A** C4). Il naquit avec la ville au XIIIe s. et ses canaux furent fortifiés au cours du Moyen Âge. Dès le XIVe-XVe s., alors que les échanges maritimes se développaient, les tavernes et les filles divertissaient les marins qui faisaient escale dans le port tout proche. Les filles arpentèrent les rues jusque dans les années 1960, où la police interdit cette pratique : elles se postèrent alors dans les vitrines, signalées par une lumière rouge... Un rite qui perdure.

Curiosités
Cette balade insolite réserve nombre de surprises ! Ainsi, des églises rappellent que le quartier collectionnait couvents et monastères, fermés ou déplacés après la Réforme protestante (1578) : **Oude Kerk** (**A** C3), datant du XIVe s., et la chapelle du "Bon Dieu au grenier" (1663), cachée dans les combles du **Museum Ons' Lieve Heer op Solder** (**A** C3), ancienne maison d'un riche marchand. Tout près, au n° 14 d'Oudezijds Voorburgwal, admirer le splendide pignon à redents d'une maison de 1605. Tout au nord, le petit canal d'**Ouzedijds Kolk** (**A** D2) est l'un des seuls restés sans rue, avec ses maisons posées sur l'eau et son unique quai : jadis, avant la construction de la gare Centrale, il bordait l'IJ. Un peu plus au sud, sur l'ancienne digue de **Zeedijk** (**A** C3), fourmille un mini-Chinatown, né au début du XXe s., à deux pas de la porte médiévale **Waag** (1488), sur Nieuwmarkt (**A** C4). En descendant sur Kloveniersgsburgwal, ne pas manquer **Trippenhuis** (**A** C4), riche demeure classique signée Justus Vingboons en 1662, aux somptueux pilastres et décors de façade. Et pour se plonger dans le contexte du quartier, on peut jeter un œil aux musées de l'Érotisme, de la Prostitution et de la Marijuana, sur **Oudezijds Achterburgwal** (**A** C3).

Un quartier en devenir
Dès 2006, la mairie a voulu mettre fin aux activités criminelles (argent blanchi, trafic de femmes, drogue) révélées par des enquêtes. Des licences n'ont pas été renouvelées, tandis que le projet 1012 — référence au code postal du quartier — a encouragé l'installation de studios de mode, galeries d'art ou cafés branchés par des loyers bas. Ainsi, sur quelque 482 vitrines "rouges", 126 ont aujourd'hui fermé.

✪ Anne Frank Huis

Le refuge d'Anne Frank

Le musée (**B** B5)

→ *Prinsengracht 263-267 Tél. 556 71 05*
Avr.-oct. : tlj. 9h-22h ; nov.-mars : tlj. 9h-19h (22h sam.)
Achat des billets et réservation uniquement sur www.annefrank.org Tarif 10,50€

Cette maison de canal, haute et profonde, est devenue un emblème de la barbarie nazie : de 1942 à 1944, une adolescente juive y a vécu cachée avec sa famille, pour échapper à la Gestapo. Elle y écrivit un *Journal*, devenu un best-seller mondial. Le lieu est très émouvant, malgré la foule de visiteurs...

Histoire du *Journal*

Fille cadette d'un homme d'affaires, Anne Frank naît en 1929 à Francfort-sur-le-Main, en Allemagne. Après l'arrivée de Hitler au pouvoir, en 1933, sa famille déménage à Amsterdam, où son père, Otto Frank, monte un commerce d'épices. En 1940, l'Allemagne envahit les Pays-Bas : suite aux lois antijuives, Otto aménage l'arrière des locaux de son entreprise, dite "l'Annexe" (*Achterhuis*), où il s'installe en 1942 avec sa femme et ses deux filles, la famille Van Pels et le dentiste Fritz Pfeffer (la famille Van Daan et Albert Dussel dans le *Journal*). Des employés leur apportent des vivres, leur transmettent les nouvelles du dehors. Durant plus de deux ans, Anne consigne sa vie de recluse dans son journal intime : les disputes, les fêtes, l'avancée de la guerre, ses émois personnels... Mais à l'été 1944, suite à une dénonciation, les huit occupants sont arrêtés et déportés. Seul Otto Frank reviendra vivant, en juin 1945 : il recueille alors le journal d'Anne qu'il fait publier en 1947. Le livre, poignant témoignage, sera traduit dans 70 langues, et adapté au théâtre et au cinéma.

Immeuble et fondation Anne Frank

Après la guerre, la maison, qui date de 1635, est menacée de démolition : l'usine de textile Berghaus souhaite acquérir le terrain, mais Otto Frank s'y oppose. En 1957, grâce au soutien de l'opinion publique, la fondation Anne Frank est créée dans le but d'ouvrir l'immeuble à la visite : c'est ainsi qu'en 1960 naît un musée qui sera aussi un centre de réflexion contre le racisme et un lieu d'échanges pour la jeunesse. Dans les années 1990, une rénovation a réhabilité

l'**Annexe**, les **bureaux** et le **n° 265** voisin comme au temps de l'Occupation, tandis que le musée s'est agrandi d'une **aile moderne**.

Le refuge

Le secret de l'Annexe ? Une fausse bibliothèque, qui en dissimulait l'entrée depuis les bureaux. Après avoir parcouru le rez-de-chaussée, on accède à un escalier étroit puis au refuge, demeurée volontairement vide : chaque pièce, où figure un extrait du journal, évoque l'oppression, mais aussi le rêve, comme les images de stars de Hollywood affichées dans la chambre d'Anne.

Expositions

Dans les salles qui conduisent à l'Annexe, des expositions expliquent le contexte historique et les persécutions nazies, l'histoire de chacun des occupants et de chacun de leurs bienfaiteurs, et des interviews filmées d'Otto Frank et de Hanneli Goslar, la meilleure amie d'Anne. Après avoir parcouru l'**Annexe**, on découvre les écrits originaux d'Anne, dont le fameux journal à carreaux rouges et blancs qu'elle reçut pour son treizième anniversaire, des **expositions thématiques**, un **espace interactif** permettant de visiter la maison en 3D et d'écouter des témoignages sonores ; et pour finir, un programme, **Free2Choose** (courts-métrages sur les droits de l'homme), au cours duquel le visiteur est invité à répondre spontanément à des questions existentielles.

✪ Canaux

Le paysage urbain emblématique d'Amsterdam

Ceinture des canaux

→ *Het Grachtenhuis Herengracht 386 Tél. 421 16 56 Mar.-dim. 10h-17h www.hetgrachtenhuis.nl Tarif 15€*

Elle s'étend en demi-cercles depuis le centre-ville et englobe d'est en ouest quatre canaux classés au patrimoine mondial de l'Unesco depuis 2010 : **Singel**, **Herengracht** (canal des Seigneurs), **Keizersgracht** (canal de l'Empereur) et **Prinsengracht** (canal des Princes), reliés entre eux par des canaux secondaires. **Het Grachtenhuis** (**C** C3), le passionnant musée des Canaux, raconte leur histoire grâce à une muséographie interactive.

Un réseau élaboré au fil des siècles

Au XIVe s., la rivière Amstel (**D** C2), qui court jusqu'à l'IJ, sépare la cité en deux : à l'est, Oude Kerk (**A** C3) et la vieille ville ; à l'ouest, **Nieuwe Kerk** (**A** A3) et la nouvelle ville. On creuse d'abord des douves (futurs canaux), que l'on fortifie de palissades (*burgwal*) dans le périmètre médiéval du quartier Rouge. À partir de la fin du XVIe s., la ville s'accroît, devenant terre d'accueil des réfugiés protestants, dont de nombreux marchands. Trois nouveaux canaux viennent élargir la ceinture à l'ouest du Singel.
Après 1660, elle sera prolongée vers le sud-est.

Maisons de canal

Bâties sur des lots étroits, en brique et en pierre, elles se distinguent par leurs façades : pour les entrepôts, des baies en plein cintre et des volets aux couleurs vives ; pour les habitations, des pignons ouvragés, à redents au XVIe s., en cou vers 1630, agrémentés de volutes ou "en cloche" vers 1660, puis à corniche à partir de 1670.

Canaux nord

Percés dès 1586, ils concentrent les entrepôts des marchands, notamment sur **Brouwersgracht** (**B** C4) ou sur **Blauwburgwal** (**B** C5), et de typiques demeures de la Renaissance hollandaise, avec leur pignons à redents et leurs décors à l'italienne. Ainsi, celles de Hendrick de Keyser, **De Dolphijn** (**B** C5), la maison des Dauphins (1600) sur le Singel (nos 140-142), et **Huis Bartolotti** (**B** C5), datant de 1617, sur Herengracht (nos 168-172), ou encore **Huis met de Hoofden** (**B** C5), la maison des Têtes (1622), sur Keizersgracht (no 123).
À voir aussi, sur Herengracht (nos 362-370), quatre maisons classiques en grès (1662) de Philips Vingboons, ornées de frontons et d'œils-de-bœuf : l'une d'elles loge le **Bijbels Museum** (**C** C3).

Canaux sud

Aménagés dans la seconde moitié du XVIIe s., ils forment la partie la plus noble de la ville, surtout au niveau de la **Gouden Bocht** (**C** C4) ! **Reguliersgracht** (**D** B2) offre une belle perspective avec ses sept ponts, illuminés le soir.
Animée, commerçante, et noctambule vers **Leidseplein** (**C** B4) et **Rembrandtplein** (**D** B2), la ceinture s'achève avec l'Amstel, qu'enjambe le célèbre **Magere Brug** (**D** C3) à bascule.

Gouden Bocht Courbe d'or (C C4)

Entre Leidsegracht à Vijzelstraat, Herengracht, le canal des Seigneurs prend le nom de Courbe d'or ! Car c'est ici que les plus riches marchands, armateurs et financiers du Siècle d'or (XVIIe s.) se font bâtir les plus somptueux hôtels particuliers : doubles perrons, corniches, pilastres, colonnes, frontons et ornements à l'antique. Certains palais, devenus des musées, dévoilent leurs fastueux intérieurs : **Museum Van Loon** (**C** D4), **Katten Kabinet** (**C** D4)... Voir aussi *Les balades* (**G**).

✪ Ancien quartier juif

Aussi le quartier de Rembrandt

Jodenbuurt, le quartier juif, naît à la fin du XVIᵉ s., lorsque des Séfarades d'Espagne et du Portugal, en quête de liberté, s'installent à l'est de la ville. Ils seront rejoints au XVIIᵉ s. par des Ashkénazes venus d'Europe centrale. C'est aussi là que vivra le peintre Rembrandt (1606-1669) : féru de figures bibliques, il y trouve ses modèles ! En 1941, les nazis transforment le quartier en ghetto et la communauté juive est décimée. Cependant, la maison de Rembrandt et deux superbes ensembles cultuels seront épargnés.

Museum Het Rembrandthuis

Maison-musée Rembrandt (D C1)

→ *Jodenbreestraat 4 Tél. 520 04 00 www.rembrandthuis.nl Tlj. 10h-18h Tarif 14€*

C'est en partie à la ville et à ses couleurs que le maître de l'eau-forte et du clair-obscur, dont les toiles sont visibles au Rijksmuseum (E D2), doit sa géniale singularité ! Né à Leyde, Rembrandt achète en 1639 cette maison de marchand (1606), située dans une rue cossue, qui semble sortie d'une toile du Siècle d'or. Il y vit heureux, mais dès 1642 sa carrière décline, et suite à une banqueroute ses créanciers vendent aux enchères sa demeure qui deviendra musée en 1909. Dans les années 1990, des inventaires ont permis de reconstituer les intérieurs comme du vivant du peintre.

Visite

Un escalier en colimaçon dessert la cuisine avec ses ustensiles et son lit clos, où dormaient les servantes, le salon de réception à cheminée, la chambre, l'atelier où le peintre initiait ses élèves et son cabinet de curiosités. Sur les murs, on découvre les toiles de ses prédécesseurs, dont son maître amstellodamois Pieter Lastman (*Le Sacrifice d'Abraham*, 1612 ; *La Crucifixion*, 1616...), et dans l'aile moderne sa fabuleuse collection de 250 gravures exposées par roulement : paysages, portraits, autoportraits, scènes de la Bible...

Synagogues

→ *Tarif combiné pour le Joods Historisch Museum, la Portugese Synagoge, mais aussi pour le Hollandsche Schouwburg (mémorial de l'Holocauste) et le Nationaal Holocaust Museum tout proches 17€*

Joods Historisch Museum

Musée d'Histoire juive (D D2)

→ *Nieuwe Amstelstraat 1 Tél. 531 03 10 www.jck.nl Tlj. 11h-17h*

Ce passionnant musée prend place dans quatre synagogues ashkénazes édifiées aux XVIIᵉ et XVIIIᵉ s. : la Grande Synagogue ou Grote Sjoel (1671), la seconde (1685), la troisième (1700) et la Nouvelle Synagogue ou Nieuwe Sjoel (1752). Belle collection d'objets religieux, exposition sur l'histoire et la culture juives à Amsterdam depuis 1600, et espace dédié aux enfants. On croise aussi une célébrité du quartier, le philosophe Baruch Spinoza, né ici en 1632 et mort en 1677.

Portugese Synagoge

Synagogue Portugaise (D D1)

→ *Mr. Visserplein 3 Tél. 531 03 10 www.jck.nl Déc.-jan. : dim.-ven. 10h-16h (14h ven.) ; fév., nov. : dim.-ven. 10h-17h (14h ven.) ; mars-avr., sep.-oct. : dim.-ven. 10h-17h (16h ven.) ; mai-août : dim.-ven. 10h-17h*

Son architecte Elias Bouwman, qui l'acheva en 1675 dans le style néoclassique, se serait inspiré du temple de Salomon. Un espace grandiose prévu pour 1 200 hommes et 440 femmes, orné de lustres en laiton et de colonnes majestueuses. Les dépendances abritent une intime synagogue d'Hiver, qui servit de salle de classe après-guerre, et la chambre des Trésors ; rouleaux anciens de la Torah, vaisselle rituelle, manteaux brodés...

✪ Vondelpark

Le poumon vert d'Amsterdam

Le parc Vondel (**E** B2)
En 1864, un groupe de notables réunit des fonds afin de créer un parc sur un marais de l'ouest amstellodamois. Le paysagiste J. D. Zocher conçoit un jardin à l'anglaise, alors à la mode, en version "petite Venise du Nord" : des bois, des allées et des cours d'eau parsemés d'îlots, où l'on se sent en pleine nature. Ouvert en 1865, le Nieuwe Park (Nouveau Parc) s'agrandit dans le dernier quart du XIXe s., acquiert un kiosque à musique et sera rebaptisé d'après une **statue du poète Joost Van den Vondel** (1587-1679), érigée au nord par Louis Royer en 1867. D'abord fréquenté par d'élégants riverains, il attire progressivement les ouvriers des quartiers proches et devient propriété de la ville en 1953. Dans les années 1970, une communauté hippie y séjourne un temps : le parc en gardera l'esprit décontracté et alternatif ! Aujourd'hui d'une surface de 48 ha, il réunit plus d'une centaine d'espèces d'arbres et une riche faune avicole : hérons, canards, merles, geais, rouges-gorges, pics épeiches, et même des perruches vertes que l'on repère dans les frondaisons ! Au nord-ouest, une **roseraie**, plantée en 1936, en abrite quelque 70 variétés.

Enfin, chercher, au centre du parc, la *Figure découpée, l'Oiseau* (1965), sculpture de Pablo Picasso.

Animations
Toute l'année des événements se déroulent ici : balade en rollers le vendredi soir (Friday Night Skate, à 20h30), braderie pour la fête du roi (voir Koningsdag, p. 19), et en été, à l'**Openluchttheater** (**E** B3), musique, cabaret, comédie... Quant aux cafés, ils sont légion : le moderniste **Blauwe Theehuis** (**E** C2), le **Groot Melkhuis** (**E** B2) et sa plateforme au bord de l'eau, et, idéal pour les enfants, le **Kinderkookkafé** (**E** B2), etc.

Les bâtiments du parc

Paviljoen / Vondelpark/3 (**E** C2)
→ *Nov.-mars. : tlj. 10h-18h ; avr.-oct. : tlj. 10h-23h*
Une folie inspirée de la Renaissance italienne (Willem Hamer, 1881), ornée de pilastres cannelés, dotée d'une galerie en arcades et de charmantes tourelles à dômes. Aujourd'hui siège de la radio Avrotros, son café Vondelpark/3 possède une terrasse, immense et très animée l'été !

Vondelkerk (**E** C2)
→ *Vondelstraat 120*
Le célèbre Petrus Cuypers, l'architecte de la gare Centrale et du Rijksmuseum, a signé cette église néogothique (1872) en brique, coiffée de tourelles à toits pointus : un vrai château de conte de fées ! Le sanctuaire a été désacralisé en 1979.

De Hollandsche Manege (**E** B2)
→ *Vondelstraat 140 Tél. 618 09 42 www.dehollandschemanege.nl Tlj. 10h-23h (18h w.-e.)* ***Levend Paarden Museum*** *Tlj. 10h-17h Tarif 12€*
Le Manège hollandais, l'une des plus belles écoles d'équitation d'Europe (1882), inspirée de celle de Vienne. Si son architecte l'a voulue nettement néobaroque (frises, vases et pilastres en stuc), il a opté pour les matériaux et les techniques modernes de l'époque, plaçant une vaste verrière au-dessus de la piste et des colonnes en fonte dans les stalles. Outre l'arène visible du public, le bâtiment abrite aussi un musée vivant du Cheval et un joli salon de thé. L'école est toujours en activité.

Vondelbunker (**E** C2)
→ *Vondelpark 8A www.vondelbunker.nl*
Dans ce bunker des années 1940 est installé un centre culturel démocratique, où l'on contribue librement pour assister aux concerts, aux films ou aux performances...

✪ Rijksmuseum

Le plus grand musée des Pays-Bas !

Musée national (**E** D2)
→ *Museumstraat 1 Tél. 674 70 00 Tlj. 9h-17h Réservation conseillée sur www.rijksmuseum.nl Tarif 20€*
En 1808, la collection de La Haye réunie au fil des siècles par les *stadhouders*, gouverneurs du pays, est transférée à Amsterdam et prend le nom en 1815 de Rijksmuseum (Musée national). D'abord installé dans la Trippenhuis, le fonds devient immense, et on confie à Petrus Cuypers l'édification d'un monumental palais néogothique, achevé en 1885. De 2003 à 2013, les Espagnols Antonio Cruz et Antonio Ortiz remanient l'intérieur du bâtiment tandis que le Français Jean-Michel Wilmotte renouvelle sa muséographie.

Niveau 0 : 1100-1600 et collections spéciales
Allant du Moyen Âge à la Renaissance, les œuvres font la part belle au XVe s., qui vit se développer deux écoles majeures : les primitifs flamands et le Quattrocento italien. À travers les toiles de Geertgen tot Sint Jans (*L'Adoration des Mages*, v. 1485) et de Fra Angelico (*Vierge à l'enfant*, 1440), on découvre les débuts de la perspective et la recherche d'un plus grand réalisme. Dans l'autre aile se déploie une collection éclectique d'arts décoratifs : bijoux, coffrets, faïences de Delft, dagues, ainsi que de superbes maquettes de bateaux marchands. De là, on accède au pavillon asiatique, extension contemporaine qui présente par roulement un fonds précieux de toute l'Asie du Nord et du Sud, à partir de 2000 ans av. J.-C.

Niveau 1 : 1700-1900
On y retrouve les grands courants picturaux du XIXe s. : le romantisme et son goût pour les paysages dramatiques (*Naufrage au large d'une côte rocheuse*, Wijnand Nuijen, 1837), le réalisme (*Enfants de la mer*, Jozef Israëls, 1872) et surtout l'impressionnisme avec le chef-d'œuvre de George Hendrik Breitner, *Fille au kimono blanc* (1894). Côté arts décoratifs, mobilier rococo et objets richement sculptés traduisent l'intérêt de la bourgeoisie marchande pour les intérieurs.

Niveau 2 : 1600-1700, le Siècle d'or
La galerie d'Honneur (*Eregalerij*) recèle les trésors du musée ! Peintes au XVIIe s., les toiles des plus illustres maîtres hollandais se suivent, riches de scènes de la vie quotidienne et de troublants portraits : *Le Joyeux Buveur* (1630) du facétieux portraitiste Frans Hals côtoie ainsi la *Femme à son miroir* (1652) de Gerard Ter Borch, tandis que les personnages ivres de *La Joyeuse Famille* (1668) de Jan Steen s'opposent à la sollicitude de *La Mère* épouillant son enfant (v. 1660) de Pieter De Hooch. On ne manque pas les œuvres de Johannes Vermeer (*La Laitière*, 1658 ; *La Lettre d'amour*, 1670), avant d'aller admirer celles de Rembrandt, de ses premières toiles (*Portrait de Maria Trip*, 1639) aux plus tardives (*Autoportrait en apôtre Paul*, 1661 ; *La Fiancé juive*, 1667), en passant par son chef-d'œuvre absolu : *La Ronde de nuit* (1642). Ce tableau de commande destiné à orner le siège de la milice bourgeoise de la ville représente une scène diurne, mais qui, assombrie par le temps, lui a valu un titre à contresens. À noter dans une des salles attenantes à la galerie, une fabuleuse collection de maisons de poupées.

Niveau 3 : 1900-2000
Photographies, peintures, sculptures et objets témoignent de l'histoire culturelle des Pays-Bas au XXe s. : fauteuils des designers Gerrit Rietveld et Michel de Klerk, robe aux motifs Mondrian signée Yves Saint Laurent ou tableaux réalisés par Karel Appel, l'un des cofondateurs du groupe expérimental CoBrA (*L'Homme carré*, 1951).

✪ Van Gogh Museum

La plus riche collection au monde d'œuvres de Vincent Van Gogh

LES BÂTIMENTS (**E** D3)
→ *Museumplein 6 Tél. 570 52 00 Jan.-fév., oct.-déc. : ven.-mer. 9h-17h (21h ven.) ; mars-fin juin : tlj. 9h-18h (21h ven.) ; fin juin-août : tlj. 9h-19h (21h ven.-sam.) Rés. indispensable sur www.vangoghmuseum.nl Tarif 19€*
En 1962, la famille de Vincent Van Gogh (1853-1890) cède à l'État néerlandais la collection dont avait hérité son frère Théodore...
Et un musée ouvre en 1973. Agrandi puis modernisé en 1999 et en 2013, il réunit plus de 200 tableaux, 500 dessins et 700 lettres manuscrites. Le complexe compte trois bâtiments.

Bâtiment Rietveld
Corps originel du musée conçu en 1964, il est l'œuvre de Gerrit Rietveld (1888-1964), figure de proue du mouvement De Stijl, né dans les années 1920 : on reconnaît le style dans la symétrie, les volumes géométriques, les ouvertures laissant la lumière naturelle inonder les espaces. C'est ici que se trouvent les collections permanentes.

Aile Kurokawa
Un escalator mène à cette extension en béton (1998) signée par le Japonais Kisho Kurokawa (1934-2007), jouant sur l'asymétrie et associant lignes droites et lignes courbes, en un harmonieux dialogue avec l'édifice principal. Des expositions en lien avec Van Gogh (thèmes, artistes) y sont organisées.

Hall d'entrée
Une structure transparente et semi-elliptique relie les bâtiments d'exposition. Créée en 2013 d'après un dessin de Kurokawa, elle se compose de 650 m² de verre et d'un fin squelette d'acier.

LES COLLECTIONS
Depuis 2013, une muséographie novatrice met en valeur de façon chronologique une œuvre accomplie en moins de dix ans ! La visite démarre dès le hall, avec douze autoportraits, un art que Van Gogh développa dès 1886. Le 2e étage, lui, dévoile par roulement ses croquis et ses lettres, parfois illustrées, à son frère Théo et à ses amis. Les autres étages sont dédiés à cinq périodes clés. Dans les salles, les murs foncés soulignent particulièrement bien les toiles aux couleurs vives.

Premier étage : de 1883 à 1889
Cette section expose tout d'abord les débuts de l'artiste dans la campagne néerlandaise, où son talent se révèle : il y peint des natures mortes et des scènes paysannes aux tons sombres, dont les fameux *Mangeurs de pommes de terre* (1885). En 1886, Van Gogh s'installe à Paris, découvre les impressionnistes et introduit clarté et pointillisme dans ses toiles (*Jardin avec couples d'amoureux*, 1887). Puis en février 1888, il part à Arles étudier les jaunes du Midi, avec *La Maison jaune*, *La Chambre*, *Le Semeur* (1888), et ses explosifs *Tournesols* (1889).

Troisième étage : de 1889 à 1890
Van Gogh se fait interner à l'asile de Saint-Rémy-de-Provence en 1889, puis se réfugie à Auvers-sur-Oise où il se suicide en 1890. La peinture était devenue un exutoire à ses troubles mentaux (*Iris*, 1889), que trahissent ses paysages, chaotiques : exemple éblouissant dans *Le Champ de blé aux corbeaux* (1890).

Autres peintres
Des toiles de maîtres qui marquèrent Van Gogh ou s'inspirèrent de lui enrichissent le parcours : Pissarro, Monet, Gauguin qui le rejoignit à Arles, Signac, Toulouse-Lautrec. Et des artistes qu'il inspira après sa mort tels que Kees Van Dongen, Maurice de Vlaminck...

✪ Stedelijk Museum

Un temple de l'art moderne et contemporain

Le "musée de la Ville" (E C3)

→ Museumplein 10 Tél. 573 29 11 www.stedelijk.nl Ven.-mer. 10h-18h (22h ven.) Tarif 18,50€

À sa mort, la riche collectionneuse Sophia Adriana de Bruyn (1816-1890) légua ses œuvres à la ville, qui confia à l'architecte Adriaan Willem Weissman le soin d'édifier un palais en brique et pierre blanche dans le style néo-Renaissance alors en vogue. Le musée fut inauguré en 1895. Après 1945, il s'internationalisa et se hissa à l'avant-garde sous l'impulsion du conservateur Willem Sandberg (1897-1984), par ailleurs graphiste et designer, et devint un vibrant espace culturel. En 2012, après rénovation, le Stedelijk se dota d'une aile spectaculaire (Benthem Crouwel Architectes), dite "la baignoire", que des passages relient aux bâtiments d'origine.

Le Stedelijk du XXIe s.

La nouvelle extension, vaste volume lisse et blanc aux accents futuristes, contraste nettement avec l'édifice d'origine et affiche ses ambitions de musée du XXIe s. Sur un fonds gigantesque de 90 000 pièces allant de 1870 à nos jours, 750 œuvres emblématiques sont mises en valeur par une muséographie fluide et ingénieuse, revisitée en 2017 : on y capte les évolutions de l'art et ses interconnexions, des débuts de l'abstraction au design du XXIe s. Peinture, mobilier, sculpture, dessin, photographie, installations ou vidéos côtoient joaillerie et objets de la vie courante. Le musée crée l'événement, avec des expositions d'envergure et une active programmation de spectacles, films et débats.

Rez-de-chaussée : de 1870 à 1980

L'art moderne démarre dès les impressionnistes avec Cézanne, Monet ou Renoir. On entre ensuite dans l'avant-garde du début du XXe s. avec Chagall (*L'Autoportrait aux sept doigts*, 1912), puis dans l'art abstrait avec Kandinsky (*Deux entourages*, 1934). Le mouvement néerlandais De Stijl tend vers l'épuration des formes et des couleurs, dont les emblématiques rectangles et carrés aux couleurs franches de Piet Mondrian, ou les fauteuils des années 1920 de Gerrit Rietveld. Sont également représentés l'avant-garde russe avec le créateur du suprématisme, Kazimir Malevitch ; l'école allemande du Bauhaus avec Alexander Archipenko (*Deux nus féminins*, 1922) ; des géants de la peinture moderne comme Picasso (*Femme assise au chapeau en forme de poisson*, 1942), Matisse (*La Perruche et la sirène*, 1953) ; l'expressionnisme abstrait de Pollock (*Reflet sur la Grande Ourse*, 1947) ou Newman (*Qui a peur du rouge, du jaune et du bleu III*, 1966) ; le mouvement CoBrA né après-guerre, qui réunit Jorn, Constant, Corneille, Appel ou Alechinsky, et que ce musée a été l'un des premiers à promouvoir ; le bleu vif d'Yves Klein (*L'Accord bleu*, 1960) ; le pop art américain avec Andy Wharol, Roy Lichtenstein (*Quand j'ai ouvert le feu*, 1964) ou Edward Kienholz et son bar surréaliste (*The Beanery*, 1968) ; puis les photos de Ed Van der Elsken, les sculptures de Yayoi Kusama, ou encore les tapisseries de Sheila Hicks.

Premier étage : des années 1980 à nos jours

Un escalator conduit à l'installation *Passé-présent-futur* (2010) de l'artiste conceptuelle Barbara Kruger, dont les textes sonores et imprimés en lettres capitales habillent les murs et le sol d'une galerie. On poursuit avec l'expressionnisme de la Sud-Africaine Marlene Dumas (*Martha, la femme de Sigmund Freund*, 1984), le néokitsch pop art de Jeff Koons, le mobilier du designer Marteen Baas, ou encore de la photo contemporaine.

✪ Îles artificielles de l'ouest et de l'est

Deux laboratoires architecturaux

WESTELIJKE EILANDEN ÎLES OCCIDENTALES (B C2)
→ Appartementencomplex MVDRV Silodam
Visites guidées d'1h sur rdv www.silodam.org
Isolées par la voie ferrée qui dessert **Centraal Station**, les îles occidentales semblent former un monde à part, où passé et futur se tutoient.
Prinseneiland, Bickerseiland et Realeneiland
Vers 1612, lors d'une expansion urbaine, ces trois îles sont créées sur des étendues artificielles de terre gagnées sur l'IJ, afin d'installer chantiers navals et entrepôts pour stocker hareng, tabac, sel, anchois, goudron, bois... Les chantiers ferment avant la Seconde Guerre mondiale, les navires étant devenus trop grands pour ce port.
Après 1945, des artistes s'y installent : alors les entrepôts se font lofts et des immeubles aérés poussent le long des quais. Au nord, celui de **Zandhoek** (**B** C2) aligne des maisons de capitaine des XVIIe-XVIIIe s., puis on débouche sur **Barentszplein**, où se dresse un silo de 1895.
Architectures du XXIe s.
Sur la digue de Silodam (**B** D1), certains comparent à la Cité radieuse du Corbusier le **complexe d'appartements du cabinet MVDRV** (2003), tout en touches multicolores : dix étages sur pilotis, 157 habitats, et une multiplicité de coursives, galeries, patios ou terrasses. À l'est de Westerdok, la "péninsule" d'IJdock (**B** D3) aménagée en 2011, accueille le **Paleis van Justitie** (Claus en Kaan, 2013), monumental palais de justice aux lignes droites et brisées, qui semble s'avancer tel un colossal paquebot posé sur l'eau.

OOSTELIJK HAVENGEBIED
ZONE PORTUAIRE ORIENTALE (F D3)
Au nord-est d'Oosterdok, sur la zone du Zeeburg, le flâneur découvre, à la place des bateaux de jadis, une ville contemporaine ! À la fin du XIXe s., on aménage ici des bassins portuaires pour étendre les docks de l'est... qui cessent de fonctionner vers 1970. Dans les années 1990, la Ville décide alors d'exploiter ce no man's land entre terre et eau pour de nouveaux habitats.
Java, KNSM et Sporenburg-Borneo
Chacune des trois îles possède son plan d'urbanisme : sur Java, des blocs de cinq étages maximum, le long de quatre mini-canaux ponctués de neuf ponts en fer forgé ; sur KNSM, de gigantesques complexes d'appartements – le **Piraeus**, édifice de brique sombre aux lignes pures, le **Barcelona**, au cercle fermé par une grille courbe, et l'**Emerald Empire**, en forme de roue ; sur Sporenburg et Bornéo, des maisons basses aux patios vitrés, pensées pour les familles, le très épuré complexe du **Whale** et deux ponts aux squelettes d'acier rouges, dont le **Pythonbrug**, qui rappelle la colonne vertébrale d'un serpent.
IJburg (hors plan **F** D3)
De Centraal Station, prendre le tram 26 pour rejoindre un chapelet de six îles achevées depuis 2014 sur les dix en projet : **Steigereiland**, les deux **Haveneilanden**, et les trois **Rieteilanden**. On y accède par un pont aérien, Enneüs Heermabrug (Nicholas Grimshaw, 2001), au design évoquant des carapaces de crabe. **Steigereiland**, surtout, dévoile des maisons-cubes flottantes en verre, bordées de trottoirs-décabarcadères, tandis que le **Sluishuis** (Bjarke Ingels Group et Barcode Architects, 2018), sorte de pyramide sur l'eau tout en terrasses étagées, abrite 380 logements carboneutres.
Plus à l'ouest, le Nesciobrug (Wilkinson Eyre Architects, 2006) offre une rampe courbe aux piétons et aux cyclistes sur le Rhine Canal.

✪ Haarlem

Une ville-musée à taille humaine

Une petite Amsterdam (H)

→ *Trains directs, 15 min depuis Centraal Station*
Fondée au xe s. sur la rivière Spaarne, la cité devient un centre d'art rayonnant après la Réforme, tandis qu'au Siècle d'or la culture de bulbes de tulipes et l'essor du textile lui apportent une prospérité durable. Arrivé par la belle gare Art nouveau (1908), on découvre une petite ville préservée, avec ses canaux sinueux, ses maisons Renaissance, ses ruelles pavées dissimulant de ravissants hospices (*hofjes*) des xvie-xviiie s. On peut poursuivre au nord jusqu'au charmant **Molen de Adriaan**, moulin du xviiie s. reconstruit en 2002.

Grote Markt

La Grand-Place éblouit ! Au sud, la **halle aux Viandes** (Lieven De Key, 1602), d'un style Renaissance exubérant, se repère à ses têtes de bœuf en bas-relief et son somptueux pignon de redents rehaussé d'obélisques. À l'ouest, l'**hôtel de ville**, bâti entre le xive et le xviie s., arbore ses influences gothique, Renaissance et baroque, et mêle avec bonheur créneaux, loggias à l'italienne, pilastres et frontons.

Sint-Bavokerk

→ *Grote Markt 22 Tél. (023) 553 2040 Sep.-juin : lun.-sam. 10h-17h ; juil.-août : tlj. 10h (12h dim.)-17h*
Une tour-lanterne en bois plaqué de plomb signale cette église gothique du xve s., sise à l'est de la place. À l'intérieur, dans la nef blanche (et dépouillée lors de la Réforme), de sublimes voûtes en bois, et un orgue baroque de Christian Müller (1738) d'une puissance de 5 000 tuyaux. Haendel et Mozart y auraient joué !

Teylers Museum

→ *Spaarne 16 Tél. (023) 516 0960 www.teylersmuseum.nl Mar.-dim. 10h (11h w.-e.)-17h Tarif 14€*
Cette belle demeure néoclassique (1779) abrite de captivantes collections d'arts et de sciences, dont le noyau a été constitué par le legs du fabricant de textiles Pieter Teyler, dans l'esprit des Lumières : la salle Ovale, qui en incarne le goût et les idéaux, est un rare exemple d'intérieur de musée du xviiie s. À voir aussi, un ensemble de dessins signés Michel-Ange, Le Lorrain, Rembrandt...

Frans Hals Museum

→ *Groot Heiligland 62 Tél. (023) 511 5775 www.franshalsmuseum.nl Tlj. 11h-17h Tarif 15€ (23€ avec le Teylers Museum)*
C'est à Haarlem que Frans Hals (1580-1666), originaire d'Anvers, a vécu et réalisé son œuvre. Son coup de pinceau libre et alerte révolutionna l'art du portrait ! Son musée, installé dans cet ancien hospice (1610), est un bijou.

Œuvres de Frans Hals

Elles se dévoilent à partir de la salle 16 avec cinq portraits monumentaux de groupes immortalisant les milices civiles du corps des Archers de saint Georges et de saint Adrien : en tout, 68 officiers et sous-officiers ! Remarquer les couleurs vives et la maîtrise dès la première œuvre, datée de 1616. Salle 19, on comparera avec deux tableaux austères et tardifs, *Régents* et *régentes de l'hospice de vieillards de Haarlem* (1664). À voir aussi, salle 17, d'expressifs portraits de riches bourgeois.

Peinture néerlandaise xve-xviie s.

Les autres salles exposent, entre autres, les œuvres des maniéristes de Haarlem, mouvement né à la fin du xvie s., marqué par des couleurs acides et des formes exagérées (Hendrick Goltzius, Cornelis Van Haarlem) ; les natures mortes de Pieter Claesz (*Salle de banquet*, 1623), et salle 22 les *Proverbes flamands* (1559) de Pieter Brueghel l'Ancien, illustrés par une scène de village pleine d'humour !

Amsterdam en 3 jours

L'essentiel de la ville en un grand week-end !

Vendredi

9h30 On prend d'abord des forces chez **De Jaren** (**A** B5), le plus beau "café blanc" de la ville.

9h45 Marche ou vélo vers le Dam (**A** A3), avec arrêt au paisible **Begijnhof** (**A** A5) doté de charmantes maisons anciennes sur cour. Sur le Dam, la façade richement ornée du **Koninklijk Paleis** (**A** A3), le Palais royal, impressionne !

11h En moins de 10 min, on atteint le Jordaan, coquet quartier au bord de l'eau. Visite d'**Anne Frank Huis** (**B** B5), la maison d'Anne Frank — en ayant réservé — où se cacha la jeune fille et sa famille durant l'Occupation.

13h Balade vers le nord, le long du canal de Prinsengracht, et dans ses petites rues adjacentes.

13h30 Lunch sur le pouce, selon l'us local : soit sur Noordermarkt chez **Winkel 43** (**B** C4), réputé pour sa tarte aux pommes ; ou dans l'excellent restaurant de sandwichs **Boca's** (**B** C4), juste à côté.

14h30 Flânerie sur le joli canal de **Brouwersgracht** (**B** C4) bordé d'entrepôts colorés et de cafés bruns sans âge...

15h On met le cap vers les canaux sud et la **Gouden Bocht** (**C** C4), qui égrène de grandioses demeures du XVIIe s. En route, le scénographique musée du canal, **Het Grachtenhuis** (**C** C3), vaut l'escale !

16h De Reestraat à Wijde Heisteeg (**C** B2-C3), la zone des "9 Rues" fourmille de boutiques de mode, idéales pour butiner un accessoire. Autre option : le **Museum Van Loon** (**C** D4), maison du Siècle d'or aux intérieurs somptueux, ou, en face, le **FOAM** (**C** D4), un temple de la photographie.

17h30 Retour vers le centre piéton, où l'on se réchauffera au comptoir ancestral **De Drie Fleschjes** (**A** B3).

18h30 Le nuit approche ! C'est le moment de faire un tour dans l'emblématique quartier Rouge (**A** C3), souvent envahi par la foule : *coffeeshops*, vitrines rougeoyantes, canaux enserrés... On fait une pause chez **Kokopelli** (**A** C2), *smartshop* aux mille plantes.

19h30 L'heure du dîner est prétexte pour arpenter Zeedijk, l'artère asiatique noyée dans le quartier : on s'attable chez **Bird** (**A** D3), restaurant thaï, au n° 72 ou 77.

21h Pour démarrer la nuit, un verre au **Mata Hari** (**A** C3), ancien casino au décor feutré ? Le **Café Casablanca** (**A** D2), institution du jazz, n'est pas loin...

23h Une option de dance-floor dans le quartier : le club gratuit et plutôt tardif **De Buurvrouw** (**A** B4) ; ou, plus au sud, pour les technophiles, le populaire club **Escape** (**D** B2), avec terrasse, posté sur la bouillonnante Rembrandtplein !

Samedi

9h30 Petit déjeuner dans la boulangerie et salon de thé **Bakkerswinkel** (**E** D4).

10h30 À quelques rues de là, le marché **Albert Cuypmarkt** (**E** F3), généreux et multicolore, vient de démarrer : on flâne parmi les stands d'épices, de fleurs ou de fromages de Hollande.

11h30 Rendez-vous aux grands musées, à 15 min à pied : le **Rijksmuseum** (**E** D2), où l'on retrouve les maîtres de la Renaissance (Vermeer, Rembrandt, Hals...) ; le **Van Gogh Museum** (**E** D3) et son astucieuse muséographie ; et le **Stedelijk Museum** (**E** C3), dédié à l'art contemporain. Attention, pour les deux premiers surtout, mieux vaut avoir réservé à l'avance ! On choisit deux musées, ou bien on se concentre sur le Rijksmuseum, où l'on pourrait passer la journée !

13h Pour déjeuner pendant la visite, les trois musées disposent de cafés de qualité, avec ou sans vue sur Museumplein...

15h Après avoir vu tant de belles œuvres, le **Vondelpark** (**E** B2), à deux pas, procure un merveilleux bol d'air, des cafés sous les arbres et des spectacles en plein air l'été ! Avant de s'élancer sur ses sentiers, jeter un œil au **De Hollandsche Manege** (**E** B2), où s'exercent des cavaliers.

17h30 Deux types d'apéros, selon les envies. À 5-10 min à pied du parc, en bord de canal, le **Café Lennep** (**E** A2), au décor industriel, offre un aperçu de l'Oud-West en plein essor ; pour regagner le centre, on saute dans le tram 1 sur Overtoom (**E** B2). À 10 min à pied, non loin de Leidseplein, on explore le pôle culturel **De Balie** (**C** B5) : grand café très agréable, projections, expos... Voir l'agenda !

20h En plein centre, à côté du Spui, dîner chez **Kantjil en de Tijger** (**A** A5) pour goûter à la cuisine indonésienne. Prudence, le samedi soir en général, mieux vaut réserver.

21h30 Soirée autour de Leidseplein, un épicentre noctambule ! Sessions blues au **Bourbonstreet** (**C** B4), rock au **The Waterhole** (**C** B4) et au **Paradiso** (**C** B5), nuits électriques au **Melkweg** (**C** B4) – en ayant réservé, et pour un break *chill-out*, l'intime **Whiskycafé L&B** (**C** B5).

DIMANCHE

10h On prend le temps de buncher au café **Dignita Hoftuin** (**D** D2), cube de verre inondé de lumière !

11h À 10 min à pied (4 min à vélo), le pittoresque marché aux fleurs, ou **Bloemenmarkt** (**C** D3), s'étale le long du quai. C'est le royaume de la tulipe : l'occasion d'en acheter des graines, à moins de faire provision de ces jolies fleurs en bois multicolores pour décorer la maison.

11h30 Trajet à pied ou à vélo (10 et 4 min) vers le **Museum Het Rembrandthuis** (**D** C1) pour un retour au temps de la Renaissance : pièces d'habitation et atelier comme du vivant du maître du clair-obscur.

13h Trajet à pied ou à vélo (10 et 4 min) pour une pause lunch à l'abri des vastes verrières du café-restaurant De Plantage qui donne sur le zoo, **Natura Artis Magistra** (**F** B4).

15h C'est le moment d'aller explorer le nord de la ville ! À pied (9 min), il est facile de gagner le **Nederlands Scheepvaartmuseum** (**F** A3), le musée de la Marine tout en son et lumière, où l'on pénètre à l'intérieur d'un trois-mâts. Ou, à vélo, on pédale 10 min jusqu'aux îles orientales de l'IJ (**F** D3) pour découvrir l'Amsterdam du XXIe s. dans un paysage entre terre et eau, ponctué d'habitats à larges baies et de ponts étonnants, dont le magnifique **Pythonbrug** (**F** D3), semblable à un serpent rouge. Voir aussi p. 10.

17h30 Après une marche d'une demi-heure vers l'est, on parvient au **Muziekgebouw aan't IJ** (**F** A2), salle de concert de pointe : la terrasse de son bar-restaurant panoramique est posée sur l'eau !

19h Dîner au choix, selon la fatigue de la journée : on traverse Piet Heinkade jusqu'au **Mediamatic ETEN** (**F** A2), pour déguster huîtres du Nord et mets végétaliens derrière de grandes baies vitrées donnant sur le port historique ; ou on attrape le tram 26 qui conduit en 3 min (ou 7 min à vélo) à **Centraal Station** (**A** C1) : de là, un ferry gagne l'**EYE Filmmuseum** (**F** C2), la spectaculaire cinémathèque aux allures futuristes, bâtie en 2012. Le café ouvre une perspective sur la rive nord de la ville et le va-et-vient des bateaux !

UN JOUR DE PLUS ?

L'occasion de sortir des sentiers battus !

Het Schip (**B** A1)
Visite d'une ingénieuse cité ouvrière des années 1920 : l'un des plus beaux exemples de l'école d'Amsterdam.

De Hallen (**E** B1)
Un ancien hangar à tramways réhabilité, le must de l'Oud-West ! Expositions, cinéma, et un *food court* à ne pas manquer, pour son ambiance joviale et ses grandes tables en bois !

Noord (**F** D2)
Pédaler sur cette presqu'île insolite est un bonheur ! Anciens chantiers reconvertis, landes, plage au nord-ouest, et, au bout de la digue, le village perdu de **Durgerdam**. Voir *Les balades* (**G**) et *Les échappées* (**H**).

Parcs de l'est (**F**)
→ *Oosterpark Trams 19 de Leidesplein* (**C** B4) *et 3 de Museumplein* (**C** A6)
Balades au vert avec les habitués du quartier : pelouses et tai-chi à l'**Oosterpark** (**F** B5), qui abrite aussi le très beau musée ethnographique **Tropenmuseum**, sous-bois et potagers au **Frankendael Park** (**F** C6), et sentiers à perte de vue au **Flevopark** (**F** D5).

Haarlem
À 20 min en train au départ de **Centraal Station** (**A** C1), une ville Renaissance fleurie de tulipes, où visiter le splendide **Frans Hals Museum**. Voir aussi p. 11.

BLOEMENMARKT, LE MARCHÉ AUX FLEURS

Vivre à l'heure d'Amsterdam !

10 bonnes idées pour découvrir Amsterdam autrement !

Dormir sur l'eau
Une expérience à tenter dans cette ville maritime : loger dans une péniche, pour se réveiller devant des maisons de canaux ou les horizons de l'IJ. Flottant aux abords du vieux centre, ces embarcations proposent appartements, studios, ou chambres d'hôtes, et même petit déjeuner de roi avec la formule Boat & Breakfast.
→ *Sites à explorer : www.houseboatrental.amsterdam et amsterdam.citymundo.com*

Circuler à bicyclette
Le moyen le plus utilisé, le moins polluant et le plus agréable pour rouler à son rythme et franchir les ponts des canaux. La petite reine possède ici ses pistes et ses feux, tout comme les transports publics ; le terrain est plat, et puis, nul souci pour se garer !
→ *Voir l'encadré* Vélos *p. 25*

Dorer sur une plage
Sable fin, vues sur l'IJ, bars à cocktails, feux de camp… Animées été comme hiver, les plages urbaines permettent de profiter du front de mer sans se déplacer trop loin. On y joue au ballon, on lézarde sur des coussins et on écoute des groupes de musique l'après-midi ou le soir.
→ *Voir ci-dessous et p. 22*
Et aussi, en juin-août : sable et transats sur le toit de NeMo (**F** A3) *!*

Goûter une pâtisserie
La pâtisserie ? Délicieuse chez les traiteurs, et idéale avec le café noir, l'une des boissons nationales, le matin ou à n'importe quel moment de la journée en cas de petit creux (le principal repas étant le dîner). La tarte aux pommes notamment, rehaussée de cannelle et de raisins secs, et servie avec de la crème, est un péché mignon local. Sinon, cheese-cake, gâteau aux carottes, gaufres…
→ *Winkel 43* (**B** C4), *Buffet van Odette* (**C** C5)

Écouter les carillons
D'une église à l'autre, ils marquent musicalement les heures et l'atmosphère du vieux centre. Ils doivent leur timbre aux talentueux François et Pierre Hemony, facteurs lorrains installés aux Provinces-Unies en 1641. La ville conserve neuf carillons anciens.
→ *Concerts hebdomadaires à Oude Kerk* (**A** C3), *Westerkerk* (**B** B5), *Munttoren* (**C** D3)

Embellir sa maison
L'un des plaisirs du shopping à Amsterdam : dénicher un objet de déco, un meuble, une antiquité ou une idée au gré des pérégrinations. Brocantes, magasins chics, bric-à-brac vintage, les choix abondent, jusqu'aux galeries-boutiques, qui

TENDANCE(S)

Sites industriels
Réhabilités, ils attirent le Tout-Amsterdam : **Westergas** (hors plan **B** A2), usine devenue centre culturel, **De Hallen** (**E** B1), hangar converti en *food court*, et les anciens chantiers navals du **NDSM** (**F** C1).

Bars de plage
En transat, les pieds dans le sable et un verre à la main : **Dok** (hors plan **B** A1), **Pllek** (**F** C1)… **Noorderlicht** (**F** C1)
→ *NDSM-Plein 102*
Mars-oct. : tlj. 11h-1h (3h ven.-sam.) ; nov.-fév. : mar.-dim. 11h-0h
Bohème et musical.

Boutiques durables ou éphémères
Concepts éco-équitables chez **Sukha** (**A** C4) ou **Maison NL** (**D** B3). Dans l'Amstel Passage à **Centraal Station** (**A** C1), le pop-up store Lil'Amsterdam : artisans, créateurs…
www.lilamsterdam.nl

Terrasse chill-out
Sur le toit du Volkshotel, au **Canvas op de 7de** (hors plan **D** D4) ; en plein zoo, au café **De Plantage** (**F** B4) ; ou à celui de l'**EYE Filmmuseum** (**F** C2).

Architecture du futur
À voir de l'**Openbare bibliotheek** (**F** A3) aux îles orientales (**F** D3). Voir *Les balades* (**G**).

LEVER LE COUDE DANS UN CAFÉ BRUN

exposent les pointures du design national.

→ *Moooi* (**B** B5), *The Frozen Fountain* (**C** B3) *et Droog* (**D** B1), *puces d'IJ-Hallen* (**F** C1)

Lever le coude au café

Un rituel banal : dès que la nuit tombe – de bonne heure en hiver –, un petit verre s'impose, de préférence dans l'un de ces cafés bruns hors du temps, si typiques, avec leurs murs autrefois jaunis par la tabac, leur comptoir en bois. La jovialité y est de mise et l'on y pousse parfois la chansonnette. Encore plus pittoresques, les *proeflokalen* servent genièvre et liqueurs dans des gobelets remplis à ras bord, impossibles à lever, ce qui oblige à siroter humblement penché ! Atmosphère radicalement différente dans les cafés blancs, vastes, clairs et design !

→ *Cafés du quartier de Jordaan* (**B**), *De Drie Fleschjes* (**A** B3)

Déguster un vrai plat néerlandais

En dehors du petit pain garni (*broodje*) et des gastronomies du monde, il existe bel et bien une cuisine néerlandaise. Les restaurants purement traditionnels servent des plats familiaux comme la potée (*stamppot*), les escalopes panées (*schnitzel*) au fromage et d'autres mets du pays, parfois en version plus raffinée. Les ardoises de certains cafés bruns réservent aussi des surprises.

→ *Café Scheltema* (**A** A4), *Wilde Zwijnen* (**F** D4), *Van Dobben* (**D** B2)

Festoyer comme en Indonésie

Impossible d'ignorer la cuisine indonésienne, plus présente ici qu'ailleurs, du fait du passé colonial des Pays-Bas. Les menus, bon marché, proposent toutes sortes de plats étonnants, salés ou sucrés, souvent en sauce, épicés, à base de coco, etc.

→ *Si l'on s'y perd, opter pour le fameux* rijsttafel, *assortiment de plusieurs plats en petites portions*

S'étourdir tous les soirs

Du centre historique aux anciens docks, la nuit ne se limite pas qu'aux fins de semaine ! Karaoké, danses de salon ou beats vibrants, théâtres, bars et night-clubs s'animent sans relâche. La ville est aussi férue de concerts avec, outre des salles prestigieuses pour la musique classique, des milliers de scènes en accès libre : une mousse à la main, on écoute jazz, rythmes latinos, hip-hop ou électro, entre les murs d'une maisonnette ou d'un entrepôt, et en été, au bord de l'IJ. Un peu à l'écart du centre, tenter aussi les bars de l'Oud-West (**E** A2), "*the place to be*" en vogue !

→ *Explorer aussi le quartier de Leidseplein* (**C**) *et les scènes en plein air du Noord* (**F**)

DORMIR SUR L'EAU

... ET MÊME LE DIMANCHE !

Brunchs

Omniprésents dans les cafés. Mention spéciale pour **Dignita Hoftuin** (**D** D2) (jardin), **Bakkerswinkel** (**E** D4) (très néerlandais) et **Staring at Jacob** (**E** A2) (plus américain).

Concerts classiques en matinée

→ *concertgebouw.nl*

À partir de 11h, au **Concertgebouw** (**E** C3).

Marchés festifs

→ *11h-18h*

1er dim. du mois : mode, art, design et alimentation à la **Westergas** (hors plan **B** A2). **De Pure Markt,** marché bio itinérant : 2e dim. à l'**Amstelpark** (hors plan **E** F4) (tram 4, 50, 51 arrêt Station RAI), dernier dim. à **Park Frankendael** (**F** C6), et certains dim. à **Amsterdamse Bos**. Voir *Les échappées* (**H**).

Shopping

→ *En général 11h-18h (20h dans les grands magasins)*

Dans le centre (**A**), les petites boutiques du Jordaan (**B** B6-C3) et les "9 Rues" (**C** B2-C3).

Cinéma

À l'indispensable **EYE Filmmuseum** (**F** C2) avec programmation en VO, et au clinquant **Theater Tuschinski** (**D** B2).

Les bons plans

Tout ce qu'il faut savoir pour dépenser moins à Amsterdam !

GRATUIT

Ferries
Avec ou sans vélo, on traverse l'IJ sans billet vers les docks et le Noord. Voir p. 24.

Concerts de midi
→ *Concertgebouw Sep.-juin : mer. 12h30-13h* ***Nationale Opera & Ballet*** *Sep.-mai : mar. 12h15-12h45*
Très populaires ! Musique pour tous les goûts au **Concertgebouw** (**E** C3), et classique au **Nationale Opera & Ballet** (**D** C2).

Musées
Entrée libre pour les moins de 18 ans aux **Rijksmuseum** (**E** D2), **Van Gogh Museum** (**E** D3) et **Stedelijk Museum** (**E** C3).

Openbare bibliotheek
(**F** A3)
→ *Oosterdokskade 143 Tlj. 8h (10h w.-e.)-22h www.oba.nl*
Une bibliothèque ouverte à tous : espaces de repos, magazines, livres, jeux pour les petits et expositions.

Openluchttheater
(**E** B3)
→ *Vondelpark Mai-sep. www.openluchttheater.nl*
Un théâtre en plein air, de la matinée pour enfants au concert rock : il suffit d'aller flâner au parc...

Selon les agendas
Toute l'année, on peut faire la fête sur un dance-floor, profiter d'un concert ou d'une performance gratis : par exemple, jazz au **Café Casablanca** (**A** D2), soirées aux **Melkweg** (**C** B4), **Westergas** (hors plan **B** A2), etc.

I AMSTERDAM CITY CARD

Spa dominical au Canvas op de 7de
(hors plan **D** D4)
→ *Wibautsraat 150 Tél. 261 21 10 Dim. 12h-18h*
Le dimanche, au dernier étage du Volkshotel : bains à bulles, sauna et toit-terrasse. Apporter serviette et maillot !

PETITS PRIX

Lunch rapide
Moult endroits servent d'excellents en-cas pour quelques euros : frites de **Vlaams Friteshuis Vleminckx** (**A** A5), *broodjes* chez **Van Dobben** (**D** B2)...

I Amsterdam City Card
→ *www.iamsterdam.com 60€/1 j., 80€/2 j., 95€/3 j., 105€/4 j.*
Accès gratuit à plus de 60 musées et attractions, transports et croisières, réductions restaurants ou salles de concerts...

Marchés
Au marché bio ou aux puces, on goûte à tout et on déniche objets ou vêtements inattendus. **Albert Cuypmarkt** (**E** F3), **Waterloopleinmarkt** (**D** C1), et **IJ-Hallen** (**F** C1).

Tickets à la journée
→ *De 8,50€/1 j. à 36,50€/7 j.*
Éviter les tickets transports à l'unité ! La GVB Tram-bus-métro propose des forfaits très avantageux pour se déplacer toute la journée. Voir p. 26.

Visites guidées
→ *www.freetour.com, freewalkingtoursamsterdam.com et www.neweuropetours.eu*
Histoire, cuisine locale, quartier Rouge, *street art*... Des circuits de 2 à 3h permettent d'aborder la ville avec un expert. Départs entre 10h30 et 16h (19h30 pour le Quartier Rouge). Contribution au choix.

Louer un vélo à l'hôtel
La plupart des hôtels proposent des remises (de 15 à 30 %) sur la location. Par exemple, le **Van Ostade Bicycle Hotel** (**E** E4) offre la location de vélo pour une journée si l'on séjourne 4 nuits à certaines périodes.

Billets à l'avance ou à la dernière minute
Pour fréquenter à petits prix des salles telles que le **Muziekgebouw aan't IJ** (**F** A2) ! Les moins de 30 ans et les étudiants, notamment, accèdent à des invendus bradés 75 min avant le spectacle.

Se loger sur Airbnb
→ *www.airbnb.fr*
Une solution pour diviser le prix du logement par deux, surtout à plusieurs !

Nightlife Ticket
→ *www.iamsterdam.com Achat sur Internet Tarif 10€/2 j. et 20€/7 j.*
Ce ticket donne pendant 2 ou 7 jours un accès illimité à 20 clubs : **Paradiso** (**C** B5), **Panama** (**F** C3)...

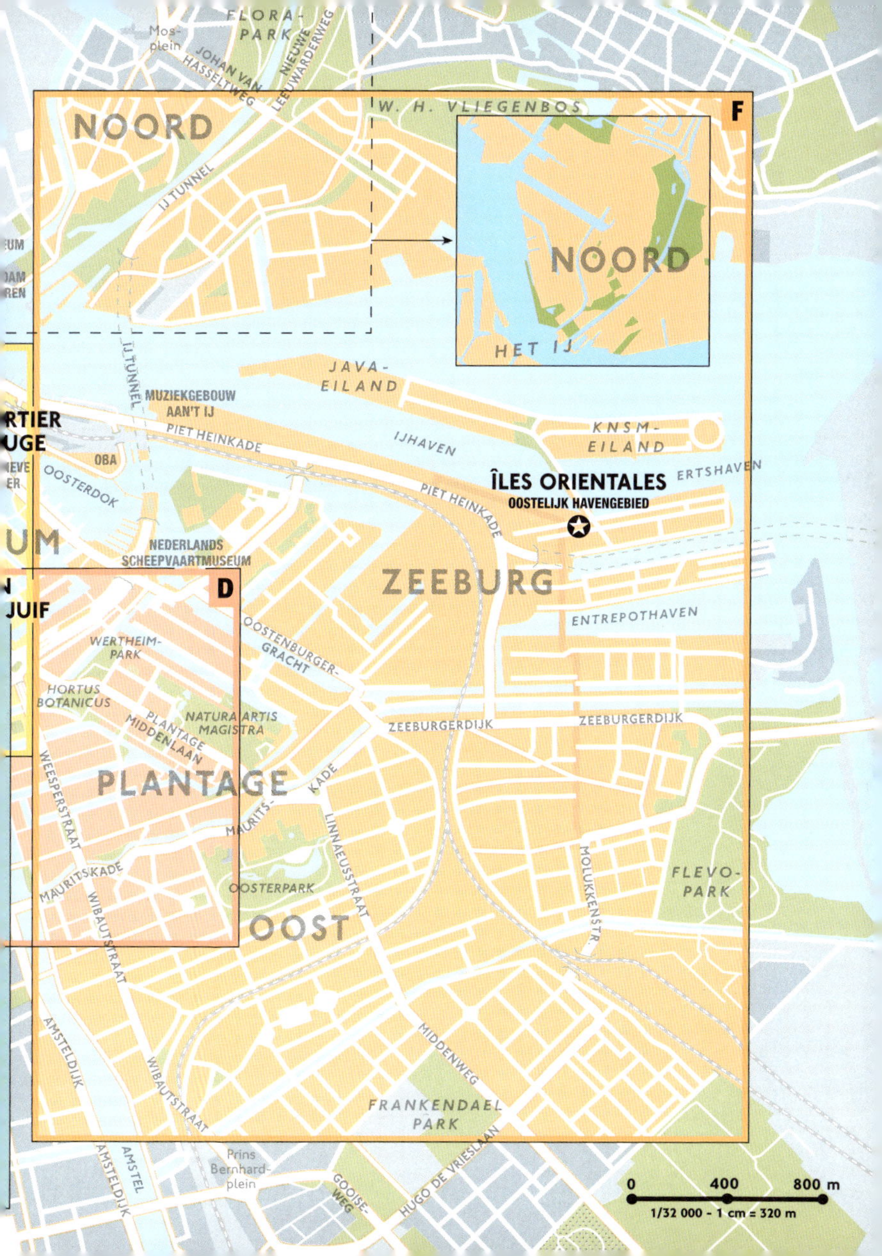
FLORA-PARK
Mosplein
JOHAN VAN HASSELTWEG
NIEUWE LEEUWARDERWEG
W. H. VLIEGENBOS
F
NOORD
IJ TUNNEL
NOORD
HET IJ
JAVA-EILAND
MUZIEKGEBOUW AAN'T IJ
PIET HEINKADE
IJHAVEN
KNSM-EILAND
ERTSHAVEN
OBA
OOSTERDOK
PIET HEINKADE
ÎLES ORIENTALES
OOSTELIJK HAVENGEBIED
NEDERLANDS SCHEEPVAARTMUSEUM
ZEEBURG
D
ENTREPOTHAVEN
WERTHEIM-PARK
OOSTENBURGERGRACHT
HORTUS BOTANICUS
NATURA ARTIS MAGISTRA
PLANTAGE MIDDENLAAN
ZEEBURGERDIJK
ZEEBURGERDIJK
PLANTAGE
WEESPERSTRAAT
MAURITSKADE
LINNAEUSSTRAAT
MOLUKKENSTR.
FLEVO-PARK
MAURITSKADE
WIBAUTSTRAAT
OOSTERPARK
OOST
AMSTELDIJK
MIDDENWEG
WIBAUTSTRAAT
FRANKENDAEL PARK
AMSTELDIJK
AMSTEL
Prins Bernhard-plein
GOOISEWEG
HUGO DE VRIESLAAN
0
400
800 m
1/32 000 - 1 cm = 320 m

MUSEUM ONS' LIEVE HEER OP SOLDER

TEMPLE HE HUA

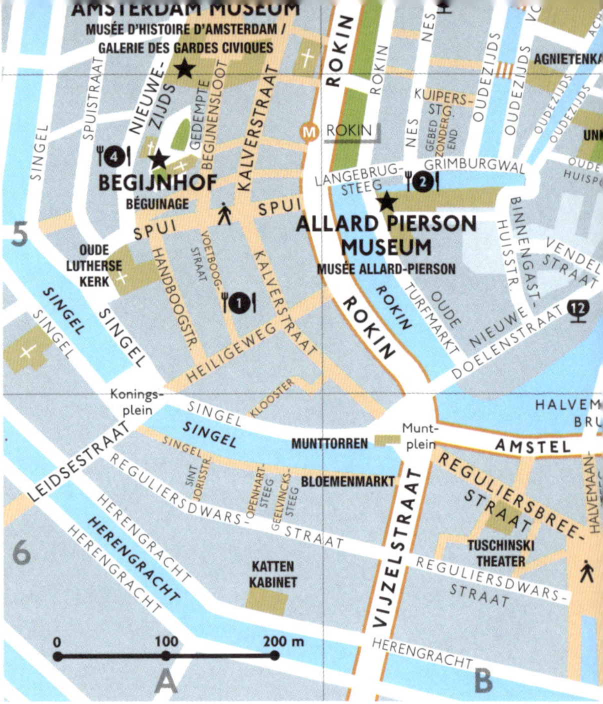

★ Centraal Station C1
Toute la ville semble tournée vers sa gare ! Centre névralgique d'Amsterdam, le colossal bâtiment néo-Renaissance de Petrus Cuypers (1889), proche par son architecture du Rijksmuseum, souleva une vive controverse lors de sa construction, privant la cité de son ouverture sur l'IJ. Long de 300 m, l'édifice à la haute voûte d'acier repose sur trois îles artificielles et 8 700 pilotis !

★ Schreierstoren D2
→ *Prins Hendrikkade 94-95*
Voc Café *Tél. 428 82 91*
Tlj. 10h-1h (variable)
La tour des Pleureuses (1480), vestige du rempart médiéval, tiendrait son nom des femmes qui, de son sommet, assistaient au départ des marins. C'est de là que le capitaine Henry Hudson leva l'ancre en 1609, chargé de trouver une route par l'ouest vers les Indes orientales. Il accostera à New York. Chaleureux café au sous-sol.

★ Quartier Rouge C3
→ ***Oude Kerk*** *Oudekerksplein 23 Tél. 625 82 84 Lun.-sam. 10h-18h, dim. 13h-17h30*
Le quartier chaud et ses vitrines de prostituées attire les foules ! On n'en oublierait presque qu'ici demeure le noyau originel de la ville. Ses ruelles médiévales conduisent à la plus vieille église d'Amsterdam, Oude Kerk (XIVe s.), dont les murs se prêtent aujourd'hui à des expositions d'art contemporain.
Voir aussi p. 2.

★ Museum Ons' Lieve Heer op Solder C3
→ *Oudezijds Voorburgwal 38*
Tél. 624 66 04
Tlj. 10h (13h dim.)-18h
Après l'adhésion à la Réforme (1578), les biens de l'Église furent confisqués et la liberté de culte abolie. Témoin de ces temps, l'incroyable chapelle clandestine "Le Bon Dieu au grenier" (1663), nichée sous les combles d'une maiso[n] bourgeoise. Le reste de la visite révèle un intér[ieur] cossu du XVIIe s.

★ Temple He Hua C3
→ *Zeedijk 106-118*
Tél. 420 23 57
Mar.-dim. 12h-17h
Sise dans l'artère chinois[e] de la ville, une surprenan[te] pagode, premier temple bouddhique chinois européen, inaugurée en 2000. Intérieur très paisib[le]

★ Beurs van Berlage B3
→ *Damrak 243*
Tél. 530 41 41
Tlj. 9h (10h w.-e.)-18h
Bistro Berlage *Lun.-sam. 10[h]-22h (18h lun.), dim. 11h-22[h]*

CENTRAAL STATION

SCHREIERSTOREN

Deux places se déploient au centre d'Amsterdam. À l'ouest, le Dam, vibrant cœur historique, autour duquel s'égrènent les symboles de la cité marchande (le Palais royal, la Nouvelle Église et, plus loin, la Bourse). À l'est, le Nieuwmarkt et ses maisons de poupées, épargnées par le temps. Au nord s'ouvre le quartier Rouge, dédale de ruelles et de demeures biscornues, célèbre pour ses sex-shops et ses vitrines de prostituées, auxquels se mêlent désormais les showrooms de créateurs de mode. Au sud, le Spui, quartier universitaire dont les cafés, les librairies et le marché aux livres attirent un public intello.

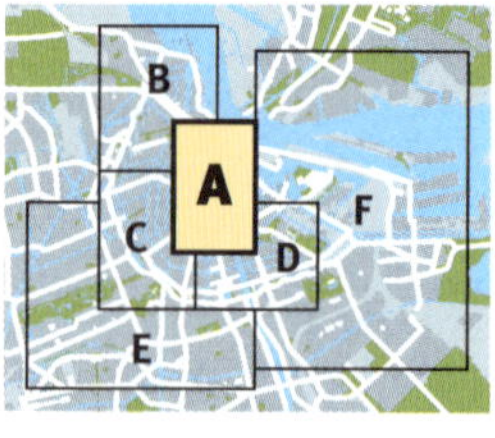

VLAAMS FRITES HUIS

MATA HARI

RESTAURANTS

Vlaams Friteshuis Vleminckx A5 ❶
→ *Voetboogstraat 33*
Tél. 654 78 70 00
Dim.-lun. 12h-19h, mar.-sam. 11h-19h (20h jeu.)
Les frites "belges" les plus courues de la ville, et leurs 25 sauces à choisir ! Rôtisserie au n°s 6-8, où on les déguste avec du poulet (*mer.-dim. 13h-23h*). Cornet 2,80-4,90€.

Upstairs B5 ❷
→ *Grimburgwal 2*
Tél. 626 56 03
Tlj. 12h-18h (17h dim.)
Au 2e étage d'une étroite maison, quatre tables, 20 m² et une quarantaine de crêpes sucrées et salées. Crêpe 7,50-14€.

Bird D3 ❸
→ *Zeedijk 77* ***Snackbar***
Tlj. 13h-22h ***Restaurant***
Tél. 620 14 42 Tlj. 12h-23h
Tom kha gaï (soupe au lait de coco), *pad thaï*, curry vert de bœuf mijotés derrière le comptoir d'un snack thaï. Restaurant en face, au n° 72. Plat 11-16€ (15-23,50€ au restaurant).

Kantjil en de Tijger A5 ❹
→ *Spuistraat 291-293*
Tél. 620 09 94 Tlj. 12h-21h30 (22h ven.-sam.)
Dans de chaleureux espaces parquetés ou installé dehors, on goûte l'une des meilleures cuisines indonésiennes de la ville ! Pour s'initier : le *nasi rames*, assortiment de cinq plats, aperçu du gargantuesque *rijsttafel* (17-19€). Plat 12€ (aussi à emporter).

Café Bern D4 ❺
→ *Nieuwmarkt 9*
Tél. 622 00 34
Tlj. 16h-1h (service 18h-23h)
Très populaire pour ses fondues au fromage, mais aussi ses entrecôtes à griller à table ! Ambiance bistrot très chaleureuse ! Réserver. Plat 14,50-20€.

Mata Hari C3 ❻
→ *Oudezijds Achterburgwal 22 Tél. 205 09 19*
Tlj. 11h30-1h (3h ven.-sam.)
À la lueur des bougies, un ancien casino sert une cuisine soignée aux notes orientales : tajine, mezzé, *affogato* (café-glace) aux dattes... Terrasse au bord du canal. Plat 19-21€.

Hemelse Modder D3 ❼
→ *Oude Waal 11*
Tél. 624 32 03 Tlj. 18h-22h
La carte, réjouissante, n'oublie pas les végétariens (grillade de potiron et crème d'échalote, sabayon de poivron...). Le grand moment étant la mousse au chocolat (ou "boue

EENHOUSE

KOKOPELLI

&KLEVERING

divine"), qui a donné son nom au lieu... Menu de saison 40-58€.

Café Van Zuylen A3 8
→ *Torensteeg 8*
Tél. 639 10 55
Tlj. 10h-1h (3h ven.-sam.)
Un café convivial où se restaurer de burgers, steak-frites ou pâtes, sur les bancs en bois patinés par le temps. Belle terrasse sur le pont aux beaux jours. Plat 16,50-19,50€.

CAFÉS, COFFEESHOP

De Drie Fleschjes B3 9
→ *Gravenstraat 18*
Tél. 624 84 43 Lun.-sam. 14h-20h30, dim. 15h-19h
Un ancestral *proeflokaal* (1650). On y consomme debout genièvre, eaux-de-vie, liqueurs, bières et vins, entre zinc et tonneaux.

Café Scheltema A4 10
→ *Nieuwezijds Voorburgwal 242 Tél. 623 23 23 Lun.-sam. 10h-23h, dim. 11h-20h*
Dans ce café brun centenaire, tableaux, plaques émaillées et bibelots par dizaines. Écrivains et journalistes en ont fait leur repaire !

Greenhouse B4 11
→ *Oudezijds Voorburgwal 191*
Tlj. 9h-1h
www.greenhouse.org
Le plus célèbre des *coffeeshops*, Greenhouse a obtenu plusieurs prix à la High Times Cannabis Cup !

De Jaren B5 12
→ *Nieuwe Doelenstraat 20-22*
Tél. 625 57 71
Tlj. 8h30-1h (2h ven.-sam.)
Sans doute le plus beau des "grands cafés" de la ville. Pour un thé-lecture, ou pour rêver en terrasse au-dessus de l'Amstel...

THÉÂTRES, CLUBS

Nes Theaters B4 13
→ *Représentations 20h30*
Deux théâtres, dans une rue vouée aux spectacles depuis le XIXe s. : danse, comédies, music-hall...

Brakke grond
→ *Nes 45 Tél. 622 90 14*
Un centre culturel flamand.

Frascati
→ *Nes 63 Tél. 626 68 66*
Des spectacles en anglais.

De Buurvrouw B4 14
→ *Sint Pieterspoortsteeg 29*
Tél. 625 96 54
Tlj. 22h-3h (4h ven.-sam.)
Le club d'élection des noctambules avérés, pour une dernière virée en boîte : ici, on danse jusque tard, et gratuitement...

Café Casablanca D2 15
→ *Zeedijk 26*
Tél. 776 74 07 Lun.-sam. 20h-3h (4h ven.-sam.)
Le saxophoniste Kid Dynamite et d'autres figures mythiques ont défilé depuis 1946 dans ce club de jazz, l'un des plus anciens du pays.

SHOPPING

Kokopelli C2 16
→ *Warmoesstraat 12*
Tél. 421 70 00 Tlj. 11h-22h
Capsules de *guaraná*, champignons hallucinogènes, poudre aphrodisiaque de damiana, livres sur l'ecstasy... S'en remettre aux vendeurs experts.

Amazing Oriental Amsterdam C4 17
→ *Nieuwmarkt 27*
Tél. 626 27 97
Lun.-sam. 9h30-18h
Ce supermarché fait le tour de l'Asie : crackers indonésiens, graines de lotus, pâtes de riz...

Jacob Hooy & Co C4 18
→ *Kloveniersburgwal 10-12*
Tél. 624 30 41 Lun. 13h-18h, mar.-sam. 10h-18h (17h sam.)
Depuis 1743, dans une herboristerie surannée : plantes médicinales, thés, épices, huiles de beauté... Autre adresse sur Westerstraat 107 (**B** B4).

X Bank A3 19
→ *Spuistraat 172 Tél. 811 33 20*
Lun.-sam. 10h-20h (21h jeu.), dim. 12h-20h
Une banque des années 1900 reconvertie en temple du design local : art, mode, déco sur 700 m² ! Pour découvrir Marcel Wanders et Piet Hein Eek, ou des talents en devenir.

Dille & Kamille B1 20
→ *Nieuwendijk 16*
Tél. 330 37 97 Lun. 11h-19h, mar.-sam. 10h-19h (21h jeu.), dim. 12h-18h
Un paradis pour aménager sa maison, cuisiner, jardiner ou se dorloter, dans un confort bien néerlandais : *tea cosy*, bougies, serviettes, etc.

&Klevering B1 21
→ *Haarlemmerstraat 8*
Tél. 422 27 08
Dim.-lun. 12h-19h (18h dim.), mar.-sam. 10h-19h (18h sam.)
Design nordique select : coussins, plateaux, lampes, objets utiles ou inutiles, toujours jolis et colorés ! Autres adresses en ville.

Tenue de Nîmes A1 22
→ *Haarlemmerstraat 92-94*
Tél. 331 27 78 Lun.-ven. 11h-19h, sam.-dim. 10h-18h (12h dim)
... Ou "tenues denim" pour hommes et femmes, selon une marque *sporty* chic. *Autre adresse :* *Elandsgracht 60* (**C** B2).

BEURS VAN BERLAGE

KONINKLIJK PALEIS

▼ Plan F

▼ Plan F

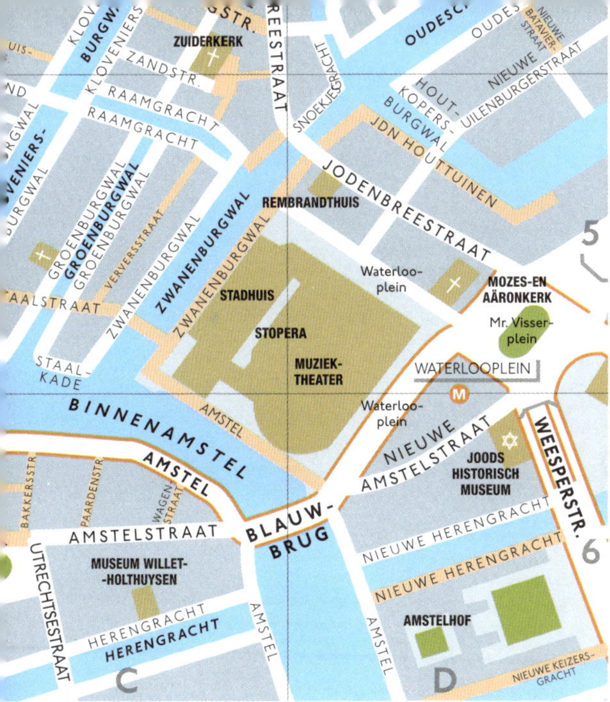

AMSTERDAM MUSEUM

BEGIJNHOF

Plan D

ncienne Bourse, sans
ıte la réalisation la plus
portante de H. P. Berlage
03). L'architecte
térialisa dans les lignes
ores de ce bâtiment de
que, de verre et d'acier
idées qui influenceront
ırope entière, inaugurant
chitecture moderne.
centre culturel y organise
certs, conférences
expositions. Superbe
é, aux belles mosaïques
rales.

Koninklijk Paleis A3
Dam Tél. 522 61 61 10h-17h
on calendrier :
w.paleisamsterdam.nl)
ıçu dans le plus pur style
ssique hollandais par
Jacob Van Campen, l'ancien hôtel de ville (1655), décoré à l'extérieur comme à l'intérieur par les grands artistes du Siècle d'or, observe le va-et-vient perpétuel du Dam. Son fronton sculpté célèbre la suprématie maritime de la cité. Louis Bonaparte le transforma en 1808 en Palais royal, utilisé aujourd'hui uniquement pour les réceptions. Quelques salles ouvertes au public, dont la *Burgerzaal* (salle des Citoyens), au dallage figurant la voûte céleste.

★ **Nieuwe Kerk** A3
→ *Dam Tél. 626 81 68*
***Expositions** Tlj. 10h-17h*
Basilique à transept de style gothique flamboyant (XVe s.), à demi cachée par le Palais royal attenant et devenue lieu d'exposition réputé. C'est dans cette Nouvelle Église qu'ont été intronisés les souverains néerlandais.

★ **Amsterdam Museum** A4
→ *Kalverstraat 92*
Tél. 523 18 22 Tlj. 10h-17h
Toute l'histoire de la ville, son expansion, ses grandes figures, sa vie quotidienne, du XIIIe s. à nos jours... à travers des expositions interactives ! Dans la galerie d'Amsterdam, portraits anciens et contemporains de ses habitants.

★ **Begijnhof** A5
→ *Spui entre les nos 37 et 38*
Tél. 622 19 18 Tlj. 9h-17h
Une cour charmante, bordée de maisons des XVIIe et XVIIIe s., souvenir d'un ancien béguinage (XIVe s.). À voir, au no 34, la plus vieille maison de la ville, l'église (XVe s.), et la chapelle clandestine (1665).

★ **Allard Pierson Museum** B5
→ *Oude Turfmarkt 127-129*
Tél. 525 25 56
Mar.-dim. 10h (13h w.-e.)-17h
Un musée consacré aux grandes civilisations de l'Antiquité (égyptienne, grecque, étrusque, etc.). Fresques, sarcophages, statues, bijoux, armes...

SINT ANDRIESHOFJE

NOORDERKERK

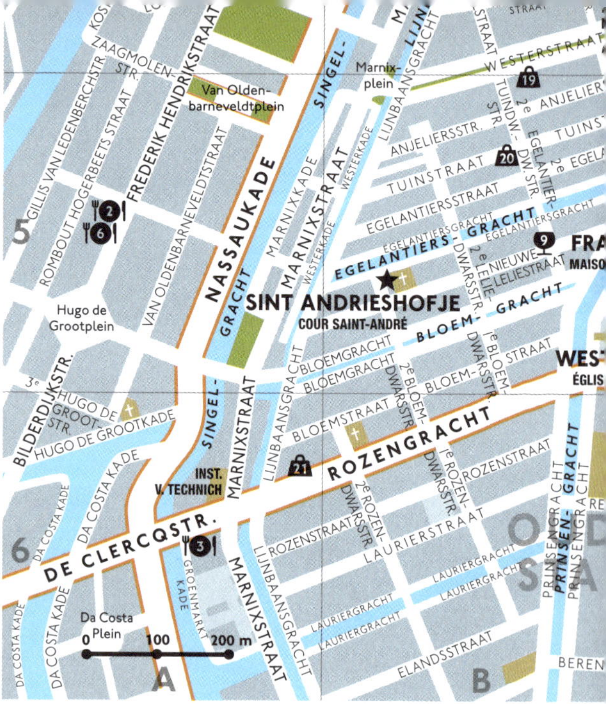

★ **Huis Bartolotti** C5
→ *Herengracht 170-172*
Cette demeure (1618) de Hendrick De Keyser incarne à merveille la Renaissance hollandaise, avec son mariage de briques rouges et de pierres blanches, ses pignons ornés de colonnes, et ses volutes.

★ **Westerkerk** B5
→ *Prinsengracht 281*
Tél. 624 77 66 Avr.-nov. : lun.-sam. 10h-15h ; déc.-mars : lun.-ven. 10h-15h ***Clocher*** *Avr.-oct. : lun.-sam. 10h-20h (18h oct.) Montée ttes les 30 min*
Première église protestante (1620) édifiée après la Réforme par De Keyser. Son clocher, haut de 85 m, arbore la couronne impériale que Maximilien d'Autriche concéda aux armes de la ville. À la façade sobre et élégante répond un intérieur nu.

★ **Anne Frank Huis** B5
→ *Prinsengracht 263-267*
Tél. 556 71 05 Avr.-oct. : tlj. 9h-22h ; nov.-mars : tlj. 9h-19h (22h sam.) Achat des billets et réservation uniquement sur www.annefrank.org
Plus d'un million de visiteurs se pressent chaque année devant la célèbre *achterhuis* ("maison de derrière") où Anne et sa famille vécurent confinées deux ans, avant d'être dénoncées à la Gestapo et déportées en 1944. L'avant de la maison est devenu un émouvant musée-mémorial de la Shoah. Voir aussi p. 3.

★ **Sint Andrieshofje** B5
→ *Egelantiersgracht 107*
Cour *Tlj. 9h-18h Propriétés privées : discrétion impérative*
Le plus ancien *hofje* (1616), hospice bâti autour d'un jardinet. Passé le couloir d'accès orné de carreaux de Delft, on découvre une cour fleurie, bordée de maisonnettes destinées jadis aux vieillards démunis.

★ **Noorderkerk** C4
→ *Noordermarkt*
Édifiée pour la population ouvrière du Jordaan, cette église de De Keyser (1623) inspira d'autres temples protestants. Se distinguar du modèle catholique, le plan, en croix grecque, offre à la chaire une positi centrale. Sur Noordermark marché bio le samedi et brocante le lundi matin.

★ **West-Indisch Huis** D4
→ *Haarlemmerstraat 75*
Cour *Lun.-ven. 9h-17h*
Ici siégea la Compagnie de Indes occidentales (1621-1792), dont les bénéfices provenaient surtout de la traite des Noirs et du pillag Dans la cour, une statue de Pieter Stuyvesant, gouverneur de la Nouvelle Hollande (1647-1664), et u stèle murale rappellent la

◀ Plan C

HUIS BARTOLOTTI

WESTERKERK

De son passé populaire, le Jordaan a conservé de modestes maisons aux fenêtres fleuries et des cafés conviviaux. Cet art de vivre a gagné les canaux et les petites rues, qu'égaient restaurants et vitrines colorées. Au nord-ouest, la culture ranime les entrepôts, tel la Westergas, près d'un quartier ouvrier qui servit de support à l'école d'Amsterdam. Au nord-est, Haarlemmerstraat aligne ses boutiques indépendantes, non loin des îles occidentales et leurs chantiers navals reconvertis, qui semblent contaminer deux bouts du monde en éveil : les digues industrielles de Houthaven, et l'extension d'IJdock, qu'investit depuis 2013 un palais de justice inédit.

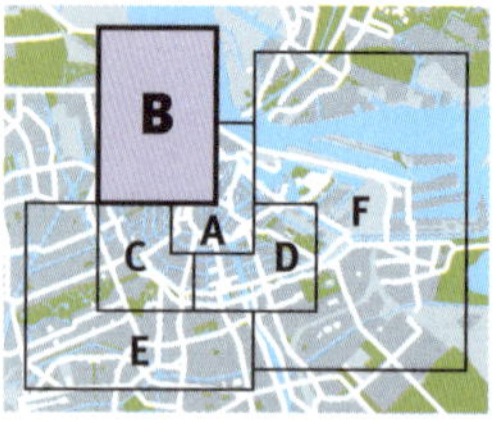

BOCA'S

I-DOCK

RESTAURANTS

Boca's C4 ❶
→ *Westerstraat 30*
Tél. 820 37 27 Lun. 9h-0h, mar.-ven., dim. 11h-0h, sam. 10h-2h
Jovial et moderne, un spécialiste des mini-sandwichs (dits *boca's*), aux garnitures inventives : gouda-oignons, foie gras-mayonnaise à la truffe, thon-fromage affiné... Le soir, des planches à partager et des petits plats (7-9,50€). *Boca* dès 4€.

Yam Yam A5 ❷
→ *Frederik Hendrikstraat 88-90 Tél. 681 50 97*
Mer.-dim. 17h30-22h
Le chef prépare des pizzas parmi les plus prisées d'Amsterdam. Tenter sa spécialité aux truffes ! Pizza 8,75-15€.

Moeders A6 ❸
→ *Rozengracht 251*
Tél. 626 79 57
Tlj. 17h (12h w.-e.)-0h
Des photos des mères des clients tapissent ce petit restaurant insolite, qui honore la cuisine hollandaise maison, à base de pommes de terre, choux rouge, viande, poisson du marché : d'où son nom ! À goûter, le *stamppot*, mélange de purée, de légumes divers et de lardons. Plat 17-22€.

I-Dock D3 ❹
→ *IJdock 4 Tél. 891 48 91*
Tlj. 7h (7h30 w.-e.)-22h30
Dans ce quartier portuaire expérimental, le bar-restaurant d'un hôtel chic s'est posé à fleur d'IJ. Plats internationaux soignés et, au dîner, des assiettes froides et chaudes (saumon et poulpe, bisque de homard, poitrine de canard...). Menu 3 plats 34€, plat 18-29€.

Bickers aan de Werf C2 ❺
→ *Bickerswerf 2 Tél. 320 29 51*
Mer.-dim. 12h (13h w.-e.)-1h (jeu.-dim. hiver)
Sur les docks de l'ouest, il flotte une ambiance conviviale dans cette bulle de verre, qui donne sur les bateaux. La cuisine joue avec les saveurs d'ailleurs : croquettes de légumes, soupe bretonne, thon à la japonaise... Plat 19-25€.

Jun A5 ❻
→ *Frederik Hendrikstraat 98*
Tél. 785 91 85 Mer.-dim. 18h (17h30 dim.)-22h
Cet indonésien cosy sert une cuisine authentique et fine, sous de belles photographies réalisées par l'un des patrons. Rouleaux frits, crevettes sauce aigre-douce, poulet au curry jaune, parfumés à souhait. Menu 27-41€ ; plat 19,50-24,50€.

RNEY'S

WESTERGAS

MOOOI

CAFÉS

Barney's D4 7
→ *Haarlemmerstraat 102*
Tél. 625 97 61
Tlj. 8h30-1h
Un *coffeeshop* plusieurs fois primé, devenu une institution. *Autre adresse : Barney's Farm, au n° 98.*

Winkel 43 C4 8
→ *Noordermarkt 43*
Tél. 623 02 23 Lun., sam. 7h-1h (3h sam.), mar.-ven. 8h-1h (3h ven.), dim. 10h-1h
À l'intérieur ou sur la place, on se cale tant bien que mal pour goûter à une célèbre tarte aux pommes... Et autres bons en-cas, jusqu'à tard.

De Reiger B5 9
→ *Nieuwe Leliestraat 34*
Tél. 624 74 26
Mar.-dim. 17h (12h sam.)-0h
Un vieux bistrot-restaurant convivial et accueillant ! Pour un verre à la lueur des bougies, protégé par des rideaux en velours rouge.

BARS, CLUB

Café Nol B4 10
→ *Westerstraat 109*
Tél. 624 53 80 Mer.-dim. 21h-3h (4h ven.-sam.)
Baigné de lumière rouge, ce café aux airs de cabaret conserve un esprit typique du Jordaan. Vieux tubes locaux et chansons en *live*.

Café Tabac C4 11
→ *Brouwersgracht 101*
Tél. 622 44 13
Tlj. 12h-1h (3h ven.-sam.)
Au coin d'une rue et d'un canal, un café paisible, dont la jeune clientèle déborde sur le trottoir aux beaux jours. En face, le minuscule café brun Het Papeneiland date de 1641 !

Bitterzoet D5 12
→ *Spuistraat 2 Tél. 421 23 18*
Horaires variables
www.bitterzoet.com
Les DJ succèdent aux groupes, enchaînant soul, hip-hop, pop, folk, rock, afro-rock... Un club décontracté sans *dress code*.

CULTURE

Westergas A2 13
→ *Pazzanistraat 33*
Tél. 586 07 10
www.westergas.nl
Une insolite usine à gaz désaffectée transformée en complexe culturel : pièces de théâtre, films, festivals, expositions...

The Movies C3 14
→ *Haarlemmerdijk 161*
Tél. 638 60 16
www.themovies.nl
Un tout petit cinéma des années 1900, de style Art déco. Au café-restaurant, le public s'improvise critique.

SAUNA

Sauna Deco C5 15
→ *Herengracht 115*
Tél. 623 82 15 Lun.-sam. 12h (15h mar.)-23h, dim. 13h-19h
Lambris, balustrades en bronze ouvragé, vitraux : c'est au Bon Marché parisien que ce splendide sauna Art déco doit ses ornements, récupérés après la modernisation du magasin. Massages, réflexologie, bains turcs... Attention, sauna mixte.

SHOPPING

Sukha C4 16
→ *Haarlemmerstraat 110*
Tél. 330 40 01 Lun.-sam. 10h (11h lun.)-18h30, dim. 12h-17h
Une vaste et paisible boutique, dédiée aux objets et vêtements éco-design, de provenance locale : couvertures, cardigans, carnets, déco...

House of Tattoos C3 17
→ *Haarlemmerdijk 130c*
Tél. 330 90 46
Sur rdv Tlj. 11h (13h dim.)-18h
Sjap Horwitz aide ses clients à créer leur propre tatouage. Réservé aux plus de 18 ans.

De Colibri C4 18
→ *2e Goudsbloemdwarsstraat 3-F Tél. 06 148 148 49 Lun.-sam. 10h (11h mar., ven.)-16h*
Jolis et curieux objets en verre, cristal ou céramique du XXe s. à prix sages.

Moooi B5 19
→ *Westerstraat 187*
Tél. 528 77 60
Mar.-sam. 10h-18h
Dans une galerie-boutique éclatante, des meubles ultra design savamment mis en scène : fauteuils, tables, objets épurés ou d'un style ancien revisité.

Het Oud-Hollandsch Snoepwinkeltje B5 20
→ *2e Egelantiersdwarsstraat 2*
Tél. 420 73 90
Mar.-sam. 11h-18h
Une bonbonnière géante, où trouver une spécialité nationale : la réglisse salée ou sucrée. À la pièce, par 50 g ou au kilo !

Hutspot A6 21
→ *Rozengracht 204-210*
Tél. 370 87 08 Lun.-sam. 10h-19h, dim. 12h-18h
Design, mode ou déco de jeunes créateurs, dans une ancienne fabrique de sucre devenu ce lumineux concept-store.

Socks We Love C6 22
→ *Gasthuismolensteeg 5*
Tél. 622 85 23
Lun.-sam. 11h-18h (17h sam.)
Pour se looker avec des chaussettes, socquettes, bas et mi-bas de toutes les couleurs, fantaisistes, ou même aux effets "tattoo" !

WEST INDISCH HUIS

BROUWERSGRACHT

▼ Plan A

WESTELIJKE EILANDEN

HET SCHIP

ıtion de la colonie andaise d'Amérique.

Brouwersgracht C4
:es, sucre, café, huile de ɜine et autres richesses ıtassaient dans les ʼepôts de ce paisible al. Leurs larges baies nettaient le passage marchandises, hissées ıide d'une potence ɔulie. De nos jours ɡuent là des péniches itables, très prisées.

Paleis ı Justitie D3
dok 20
ɜ à une cour ımeubles design, ɔalais de justice à couper ɔuffle (2013), signé Claus en Kaan : posé sur l'eau, ce solide complexe de blocs de 34 000 m², au système éco-durable, semble découpé sur trois endroits… Dont un "V" évocateur, peut-être un clin d'œil à la forme de la ceinture des canaux ? Voir aussi p. 10.

★ **Westelijke Eilanden** C2
En marge de la ville, trois îles, Prinseneiland, Bickerseiland et Realeneiland, reliées par des ponts mobiles. Créée vers 1612, cette extension du port a échappé à la démolition. Au-dessus des maisons flottantes, dans les anciens entrepôts aux volets ouverts, de beaux lofts côtoient les ateliers d'art, tandis que dorment bateaux et voiliers. Voir aussi p. 10.

★ **Houthaven** C1
→ ***REM-eiland*** *Haparandadam 45 Tél. 688 5501 Tlj. 12h-22h*
Aménagée en 1876 pour le stockage du bois, une ancienne zone portuaire se mue peu à peu en quartier résidentiel, une aubaine pour les architectes ! Face à face, au bord de l'IJ : le Silodam (**B** D1), ancien silo à blé classé (1895), et l'insolite REM-eiland (hors plan **B** C1), "île de REM", station de TV sur pilotis, transférée là de la mer du Nord ! Restaurant au 2e étage et panoramas.

★ **Het Schip** A1
→ *Oostzaanstraat 45*
Tél. 686 85 95
Mar.-dim. 11h-17h Visites guidées (45 min) ttes les heures
Michel de Klerk (1884-1923), figure de proue de l'école d'Amsterdam, exprima son inventivité dans ce "Navire", complexe social bâti de 1918 à 1921 : ondulations, briques ornementées, tourelle décorative en forme de cigare. On y visite le bureau de poste, un authentique logement ouvrier et, dans l'ancienne école, un musée dédié à l'architecture des lieux et à des expos d'art, ainsi qu'un café.

STADSSCHOUWBURG

MUSEUM VAN LOON

◀ Plan E

★ Woonbootmuseum Hendrika Maria B2
→ *Prinsengracht face au 296*
Tél. 427 07 50
Juil.-août : tlj. 10h-17h ; sep.-juin : mar.-dim. 10h-17h
Lors de la crise du logement des années 1950, quelque 2 500 bateaux-maisons apparurent. L'un d'eux dévoile la vie à bord. Dans les cales, visite des cabines-lits, de la cuisine et du salon.

★ Bijbels Museum C3
→ *Herengracht 366-368*
Tél. 624 24 36
Tlj. 10h-17h
Le musée de la Bible, dans deux des quatre maisons à pignons en cou de Philips Vingboons : antiquités égyptiennes et moyen-orientales, reproduction du Tabernacle, maquettes, manuscrits et éditions de la Bible, dont un incunable de 1477. Plafonds du peintre Jacob De Wit (1695-1754).

★ Het Grachtenhuis C3
→ *Herengracht 386*
Tél. 421 16 56 Mar.-dim. 10h-17h (Audioguide de 40 min)
Ce musée interactif raconte l'histoire des canaux, mis en place dès le XVIIe s. pour agrandir la ville : sons et lumières font revivre le Siècle d'or, un conseil municipal, la vie dans les maisons et les moments forts du XXe s. devant une maquette de la "Venise du Nord".

★ Stadsschouwburg B4
→ *Leidseplein 26 Tél. 624 23 11*
***Café** Tlj. 10h-1h (3h ven.-sam.)*
Dominant sa place animée, le somptueux Théâtre de la Ville. Reconstruit après trois incendies dans le style néo-Renaissance par Jan Springer et A. L. Van Gendt (1894), il accueille la plus grande compagnie des Pays-Bas et des troupes internationales. Élégant café.

★ Museum Van Loon D4
→ *Keizersgracht 672*
Tél. 624 52 55 Tlj. 10h-17h
La famille Van Loon fut la dernière à occuper cet hôtel particulier (1671) : l'éthique calviniste n'autorisant guè l'étalage des richesses, il faut entrer pour mesurer s faste ! Salons et chambres rococo, portraits de famill toiles de maîtres, trompe-l'œil ; et dans l'élégant jar à la française, une superb remise avec ses voitures à chevaux, remplacées parf par des expositions.

★ FOAM D4
→ *Keizersgracht 609*
Tél. 551 65 00
Tlj. 10h-18h (21h jeu.-ven.)
Un musée consacré à la photographie, où les plus grands et les nouveaux talents dévoilent sur trois étages leurs clichés de presse ou de mode, en

BIJBELS MUSEUM

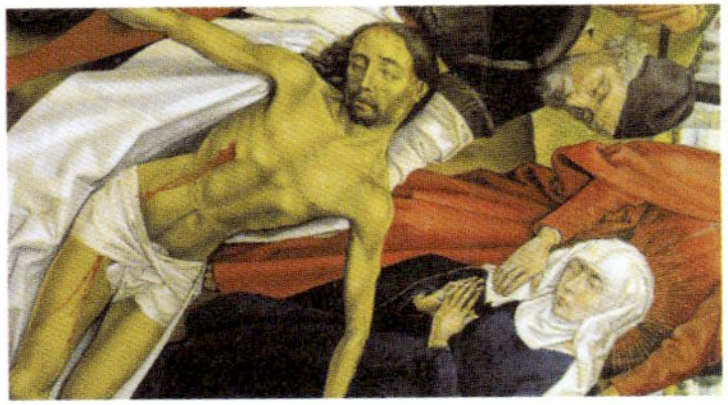

WOONBOOTMUSEUM HENDRIKA MARIA

C

Canaux sud / Leidseplein / Gouden Bocht

Évocateurs des trois puissances du Siècle d'or, les majestueux canaux Herengracht (des Seigneurs), Keizersgracht (de l'Empereur) et Prinsengracht (du Prince) arborent les plus nobles façades de la ville. À deux pas, terrasses de café et musiciens de rue envahissent Leidseplein, où cinémas et clubs vibrent tard dans la nuit ; les boutiques chics se serrent le long de Leidsestraat et dans la zone dite des "9 Rues" (de Reestraat à Wijde Heisteeg). Plus au sud, Nieuwe Spiegelstraat, la rue des antiquaires. Au nord-est, modeste et pleine de charme, la tour de la Monnaie carillonne au-dessus du touristique marché aux fleurs.

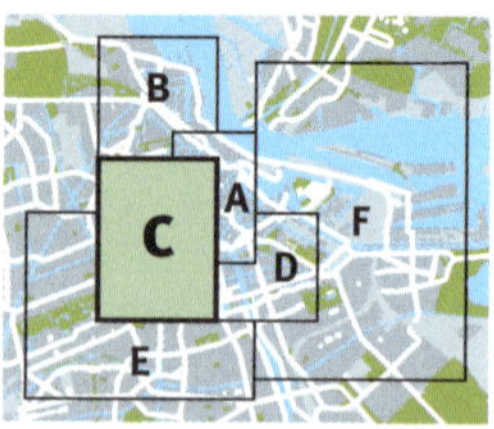

BUFFET VAN ODETTE

STEAKHOUSE PIET DE LEEUW

RESTAURANTS

Hap-Hmm A4 1
→ *Eerste Helmersstraat 33*
Tél. 618 18 84
Lun.-ven. 17h-21h15
Boulettes de hachis, bœuf mijoté ou escalope : on goûte dans ce restaurant une cuisine hollandaise authentique et fraîche, servie dans un cadre familial. Plat 11-14,50€.

Kagetsu C2 2
→ *Hartenstraat 17*
Tél. 427 38 28 Jeu.-mar. 12h (16h jeu.)-22h30
Aussi beaux que bons : sushis, makis, tempuras, sashimis ou grillades, dans l'intimité d'une maison japonaise qui recèle une terrasse en hauteur. Plat 15-20€.

Taste of Culture B5 3
→ *Korte Leideswarsstraat 139*
Tél. 427 11 36
Tlj. 17h-1h (3h ven.-sam.)
Les habitants d'origine chinoise y dégustent une bonne cuisine cantonaise ! Lotus frais au poivre, poulpe vapeur sauce haricots noirs, poisson au miel, et nombreux dim sums. Plat 14-23€.

Buffet van Odette C5 4
→ *Prinsengracht 598*
Tél. 423 60 34
Mer.-lun. 12h-22h
Ce chaleureux café-traiteur prépare sandwichs, omelettes, salades et gâteaux, à base de produits bio. En-cas 9,50€ ; plat 17,50-20€.

Steakhouse Piet de Leeuw D5 5
→ *Noorderstraat 11*
Tél. 623 71 81
Tlj. 12h (17h w.-e.)-22h30
Les lampes, de 1928, témoignent du café qui précéda ce restaurant ouvert en 1949. Viandes tendres à souhait (dont un célèbre steak de cheval !), soles frites et généreux desserts. Plat 17,50-24,50€.

Garlic Queen C3 6
→ *Reguliersdwarsstraat 27*
Tél. 422 64 26
Mer.-dim. 17h-23h
Le spécialiste de la cuisine à l'ail et de l'ail tout court ! Les 25 kg commandés chaque semaine accommodent entrées, plats et desserts improbables. Réserver. Plat 18,50-25,50€.

CAFÉS, BARS

De Zotte B4 7
→ *Raamstraat 29*
Tél. 626 86 94
Tlj. 16h-1h (3h ven.-sam.)
À l'écart des circuits balisés, un bar fourmillant, réputé pour ses quelque 130 bières belges.

RBONSTREET

DE KAASKAMER

KRAMER KUNST & ANTIEK

Les frites et autres nourritures solides valent aussi le détour.

Café Eijlders B4 8
→ *Korte Leidsedwarsstraat 47*
Tél. 624 27 04
Lun.-jeu. 16h30-1h, ven.-dim. 12h-2h (1h dim.)
Un authentique café brun au décor de bois sombre et de miroirs fumés. Musique live de temps à autre.

De Balie B5 9
→ *Kleine-Gartmanplantsoen 10 Tél. 553 51 00 Tlj. 9h-0h*
Installé dans un centre culturel dynamique, un beau café décontracté avec son restaurant attenant. Délicieux snacks, thé à la menthe ou ballons de vin. Et dans le bâtiment : art, cinéma, musique...

Whiskycafé L&B B5 10
→ *Korte Leidsedwarsstraat 82-84 Tél. 625 23 87*
Tlj. 20h-3h (4h ven.-sam.)
La musique planante, tantôt jazzy, tantôt *world*, accompagne à merveille un verre de whisky, dont les bouteilles tapissent les murs. Choix infini, détaillé sur de grandes ardoises.

CONCERTS

Melkweg B4 11
→ *Lijnbaansgracht 234a*
Tél. 531 81 81 www.melkweg.nl
Ce haut lieu hippie des années 1970 est devenu un centre culturel polyvalent : concerts, films, expositions... et soirées électro, pop ou *eighties*.

The Waterhole B4 12
→ *Korte Leidsedwarsstraat 49*
Tél. 620 89 04
Tlj. 12h-3h (4h ven.-sam.)
L'adresse pour les amateurs de billard et de rock *live* des années 1970-1980 et d'aujourd'hui. Ambiance assurée !

Bourbonstreet B4 13
→ *Leidsekruisstraat 6-8*
Tél. 623 34 40
Tlj. 22h-4h (5h ven.-sam.)
Face à une salle parquetée aux airs de saloon, voici une vraie scène pour le blues et les jam-sessions, où les musiciens se défoulent en toute liberté ! Plein à craquer dès 23h.

Paradiso B5 14
→ *Weteringschans 6-8*
Tél. 626 45 21 www.paradiso.nl
Célèbre salle de concerts installée dans une église désaffectée. La scène accueille groupes locaux et stars internationales.

SHOPPING

Hester Van Eeghen B2 15
→ *Hartenstraat 1 et 37*
Tél. 626 92 12 Lun.-sam. 11h (13h lun.)-18h, dim. 12h-17h
Une note de fantaisie, une pincée de paillettes et des tons chauds agrémentent les bottes, escarpins, talons aiguilles et sacs à main d'Hester Van Eeghen, créatrice à la page.

King Louie Store C2 16
→ *Hartenstraat 10*
Tél. 344 93 90
Lun.-ven. 10h30-19h30, w.-e. 10h (12h dim.)-18h
Cette boutique de prêt-à-porter vend sa propre marque, King Louie. Robes et jupes aux coupes résolument rétro, sweat-shirts et seyants lainages.

Laura Dols B2 17
→ *Wolvenstraat 7*
Tél. 624 90 66
Lun.-sam. 11h-18h (19h jeu.-ven.), dim. 12h-18h
Du sous-sol au rez-de-chaussée, un paradis du vintage, pour dénicher un accessoire à 10€, un chapeau Dior, un sac, un boa, des escarpins ou une robe de soirée !

De Kaaskamer B3 18
→ *Runstraat 7 Tél. 623 34 83*
Dim.-lun. 12h-18h (17h dim.), mar.-sam. 9h-18h (17h sam.)
Le meilleur fromager de la ville. 200 variétés de goudas, *friese nagelkaas* (aux clous de girofle), *leidse kaas* (au cumin)...

Denham B3 19
→ *Prinsengracht 495*
Tél. 344 91 33
Dim.-lun. 12h-18h, mar.-sam. 10h-18h (20h jeu.)
Runstraat 17
Tél. 528 77 30 Lun.-sam. 8h-18h (20h jeu.), dim. 11h-18h
Une marque de jeans dans deux boutiques voisines, dont un concept-store (au n° 495) avec un service retouche, pour se vêtir de la tête aux pieds.

The Frozen Fountain B3 20
→ *Prinsengracht 645*
Tél. 622 93 75
Lun.-sam. 13h (10h mar.-sam.)-18h, dim. 12h-17h
Cette galerie expose ce qui se fait de mieux en matière de design contemporain.

Nieuwe Spiegelstraat
La rue des antiquaires.

Meulendijks & Schuil C4 21
→ *Nieuwe Spiegelstraat 45a*
Tél. 620 03 00
Lun.-sam. 10h30-17h30
Longues-vues, maquettes de bateaux, globes...

Kramer Kunst & Antiek C5 22
→ *Prinsengracht 807*
Tél. 626 11 16
Lun.-sam. 10h-18h (19h sam.), dim. 13h-18h
Du XVIe au début du XXe s. : porcelaines de Delft, carreaux, figurines, plats des années 1920...

▶ Plan B

FOAM

GOUDEN BOCHT

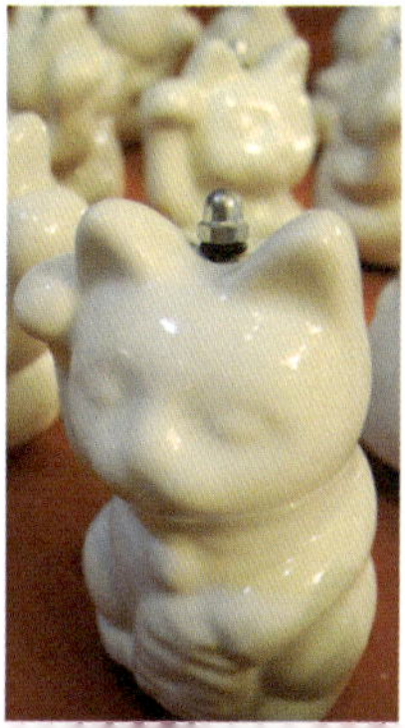

▼ Plan A/D

BLOEMENMARKT

MUNTTOREN

◄ Plan E

-leur ou en noir et blanc, -ssiques ou avant--distes. Expositions -poraires uniquement.

Stadsarchief D4
Vijzelstraat 32 Tél. 251 15 11
-dim. 10h (12h w.-e.)-17h
***-tes guidées** dim. 14h (sur , durée 1h15)*
-sublime immeuble -déco conçu par Karel Bazel en 1926 pour -ociété de commerce -rlandaise, et aujourd'hui -ge des Archives -nicipales. Sa structure, -rnance de briques et granit, lui vaut le surnom "De spekkoek" (gâteau à -ss). L'intérieur lumineux, -se mêlent lignes pures et influences égyptiennes, dévoile des fresques et de remarquables vitraux allégoriques. Pour les admirer : café, expos et visites guidées.

★ **Gouden Bocht** C4
→ *Herengracht, entre Leidsestraat et Vijzelstraat*
La Courbe d'or, section du canal des Seigneurs, fut ainsi nommée lorsque de riches familles d'armateurs, négociants et financiers du Siècle d'or s'y installèrent dans d'opulentes demeures. À l'inverse du lot étroit, les maisons couvrent quatre ou cinq travées : d'où cet ensemble architectural imposant. Aux n°s 475, 476 et 495, façades d'inspiration française. Voir aussi p. 4.

★ **Katten Kabinet** D4
→ *Herengracht 497*
Tél. 626 90 40
Tlj. 10h (12h w.-e.)-17h
L'unique maison de la Courbe d'or ouverte au public. En 1984, à la suite de la mort de son chat, le dernier de ses occupants en fit un lieu voué au félin dans l'art. Dans l'enfilade de salons : statuettes, affiches, objets d'art… et çà et là, quelques modèles vivants !

★ **Bloemenmarkt** D3
→ *Singel Tlj. 9h (11h dim.)-17h30 (selon les boutiques)*
Le célèbre marché aux fleurs du Singel, environné de barques amarrées là depuis 1862. Joyeux mélange de couleurs et d'odeurs : tulipes, bulbes, plantes vertes, souvenirs, sabots…

★ **Munttoren** D3
→ *Muntplein*
Au confluent du Singel et de l'Amstel, carrefour traversé par un flot continu de passants, veille la tour de la Monnaie (1620). Conçue par Hendrick De Keyser, elle ne prit ce nom qu'en 1672 lorsque, sous la menace d'invasion des troupes de Louis XIV, on y transféra temporairement la frappe de la monnaie.

KONINKLIJK THEATER CARRÉ

HERMITAGE AMSTERDAM

★ Theater Tuschinski B2
→ *Reguliersbreestraat 26-28*
Tél. 0900 14 58
Tlj. 9h30-11h30 Audioguide
Chef-d'œuvre Art déco ? Délire kitsch ? Le décor foisonnant de ce théâtre (vitraux, tourelles, sculptures...), fondé en 1921 par l'entrepreneur Abraham Tuschinski, et transformé en cinéma (films en VO), laisse bouche bée. À l'intérieur, déluge de tapisseries, lampes et peintures exotiques, jusqu'à la salle n° 1, éblouissante. Avant la première séance, on aborde avec un audioguide l'extravagant palais.

★ Rembrandtplein B2
Vaste place bordée de cafés et de brasseries, centre de la vie nocturne, Rembrandtplein fut ainsi baptisée en 1876, lorsqu'elle reçut une statue du peintre, le regard tourné vers le quartier juif, où il vécut avant sa faillite.

★ Reguliersgracht B2
Ce charmant canal, percé en 1664, tire son nom du couvent de religieuses régulières qui se tenait dans les environs avant la construction de la ceinture des canaux. De l'angle du Herengracht, on peut contempler une des plus célèbres vues de la ville : la belle perspective de l'enfilade des sept ponts qui enjambent le canal.

★ Museum Willet-Holthuysen B2
→ *Herengracht 605*
Tél. 523 18 22 Tlj. 10h-17h
www.willetholthuysen.nl
Construite en 1687, cette belle demeure patricienne abrita de riches familles amstellodamoises. Ses derniers propriétaires, un couple de collectionneurs et d'amateurs d'art, en firent don, en 1860, à la ville d'Amsterdam, qui la transforma en musée de l'intérieur hollandais. Au fil des pièces et des étages, verres, estampes, horlog[es], porcelaines, meubles, po[...] la plupart des XVIIIe et XIXe [...] Au sous-sol, une cuisine [...] XVIIIe s. donnant sur un be[...] jardin à la française, que l'on peut aussi voir depuis Amstelstraat.

★ Magere Brug C3
Une délicate constructio[n] [...] bois exotique, si bien-nommée : le "pont Maigr[e"]. Bâti en 1671, plusieurs foi[s] élargi et remanié, il bascu[le] afin de laisser place aux péniches naviguant sur l'Amstel. En aval de ce po[nt,] une vue sur le Blauwbrug (pont Bleu), œuvre de l'Exposition coloniale internationale de 1883 ;

◀ Plan E

THEATER TUSCHINSKI

REMBRANDTPLEIN

REGULIERSGRACHT

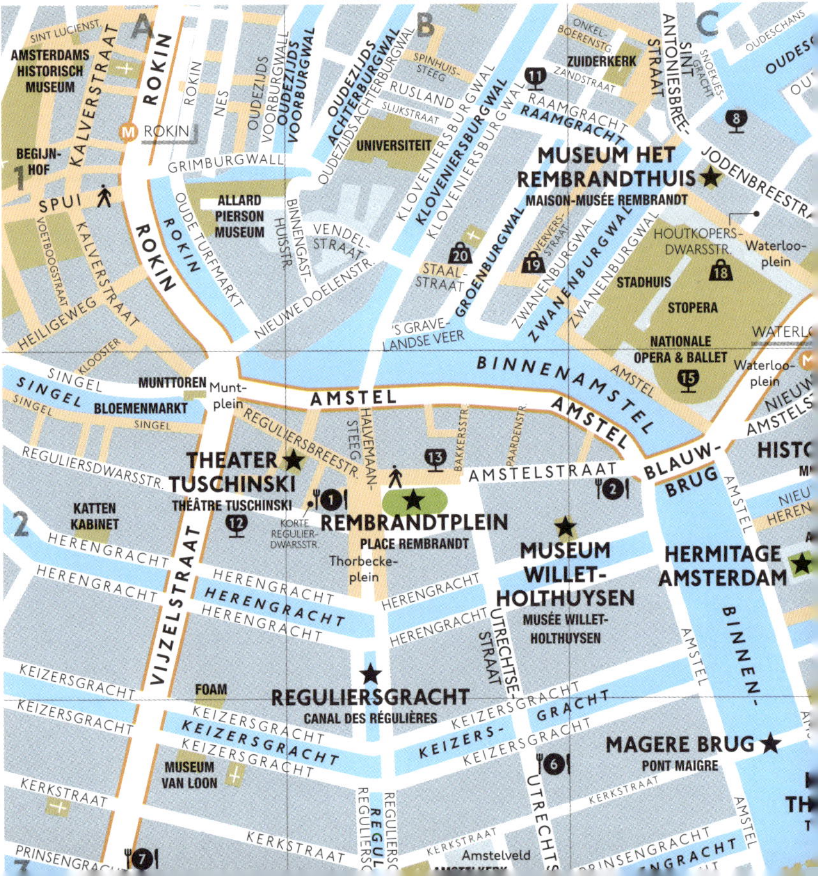

▲ Plan C

Reguliersdwarsstraat et Amstelstraat, lovées derrière le fleuve Amstel, fourmillent de boîtes de nuit et concentrent le plus grand nombre de bars gays. Elles débouchent dans Rembrandtplein, où se mêlent d'autres tribus urbaines dans des cafés et des clubs plus sélects. De là, le délicieux Reguliersgracht et Utrechtsestraat, jalonnée de restaurants, conduisent à la place de Amstelkerk, où les enfants jouent à la marelle devant des terrasses de café ombragées. En suivant l'Amstel vers le nord, on découvre les cinq synagogues entourant Waterlooplein, vestiges du vieux quartier juif, Jodenbuurt, en grande partie démoli.

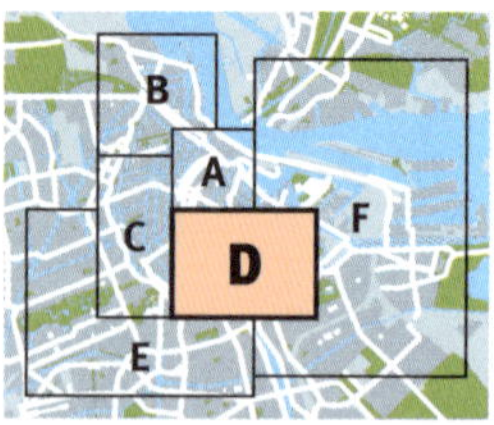

SALSA SHOP

YSBREEKER

RESTAURANTS

Van Dobben B2 1
→ *Korte Reguliersdwarsstraat 5 Tél. 624 42 00*
Lun.-sam. 10h-21h (1h jeu. ; 2h ven.-sam.), dim. 10h30-20h
Depuis 1945, cette institution ne désemplit pas ! Sa spécialité : le *broodje*, petit pain garni de jambon, sardine, *kroket*... *Broodje* 3,15-6€.

Salsa Shop C2 2
→ *Amstelstraat 32a*
Tél. 205 10 40 Dim.-jeu. 11h30-22h, ven.-sam. 11h-23h
Dans cette appétissante cantine mexicaine rouge set blanc, des *burritos* ou des tacos farcis de bœuf, poulet, yaourt au concombre, etc. À dévorer avec les mains. *Burrito* à partir de 8,45€.

An A4 3
→ *Weteringschans 76*
Tél. 624 46 72
Mar.-sam. 18h-22h
Sur cette longue avenue résidentielle, un restaurant japonais dans les règles de l'art : légumes marinés, tofu grillé, glace au sésame noir, ainsi que les traditionnels sushis et sashimis, savoureux. Plat 8,50-24€.

Ysbreeker D4 4
→ *Weesperzijde 23*
Tél. 468 18 08 Tlj. 8h-1h (2h ven.-sam.) Cuisine jusqu'à 22h30 (22h dim.)
Le jour durant, cette brasserie labyrinthique des bords de l'Amstel, qui abrite un jardin d'hiver, sert une infinité de bons plats et en-cas, simples œufs frits-bacon ou homard grillé ! Plat 15-28€.

Nel B3 5
→ *Amstelveld 12 Tél. 626 11 99*
Tlj. 10h30-1h (3h ven.-sam.)
Cuisine jusqu'à 22h30
Cette ancienne église en bois du XVIIe s., unique à Amsterdam, abrite un restaurant convivial, doté d'une terrasse sur la placette. Burgers, salades, cakes, et le soir, des mets plus élaborés : chevreuil, sandre, curry de quinoa... Et jazz le lun. soir. Plat 16,50-24,50€.

Tujuh Maret B3 6
→ *Utrechtsestraat 73*
Tél. 427 98 65 Tlj. 12h-0h
La cuisine de l'île de Sulawesi fait escale à Amsterdam... Pour goûter de tout, opter pour le *nasi rames* (5 plats), le *nasi kuning Tujuh Maret* (12 plats) ou le *rijsttafel Mina Hasa* (24 plats !)... avec riz, chips de crevettes et salade de chou. Plat 19-23,50€.

John Dory A3 7
→ *Prinsengracht 999*
Tél. 622 90 44
Mar.-jeu., sam. 17h30-22h30 ;

IVAS OP DE 7DE

PUCCINI BOMBONI

DROOG

ven. 12h-15h, 17h30-22h30 (le midi dernier dim. du mois)
Dans ce restaurant gastronomique,ce sont les fournisseurs qui définissent le menu en fonction des meilleurs produits du moment ! Les créations du jour se savourent dans une salle lumineuse mais petite : réserver ! Menu 4 à 10 plats de 38 à 85€.

CAFÉS

Café De Sluyswacht C1 8
→ *Jodenbreestraat 1*
Tél. 625 76 11 Tlj. 12h30-1h (3h ven.-sam. ; 19h dim.)
Un café-bar dans une étroite maison d'éclusier, vieille de 300 ans ! On s'attable sur les bords de l'Oudeschans, où défilent les péniches.

Dignita Hoftuin D2 9
→ *Nieuwe Herengracht 18A*
Tél. 370 27 23 Tlj. 9h-18h
Voisin du musée de l'Hermitage, ce café tout en verre déborde sur la pelouse avec sa terrasse aux chaises colorées. Jus de fruits, gâteaux et assiettes composées.

De Huyschkaemer C3 10
→ *Utrechtsestraat 137*
Tél. 627 05 75 Lun.-sam. 9h-1h (3h ven.-sam.), dim. 10h30-1h
L'ambiance d'une *huyschkaemmer* (salle de séjour) se retrouve dans ce café cosy à la clientèle majoritairement gay.

BARS, CLUBS

Café De Engelbewaarder B1 11
→ *Kloveniersburgwal 59*
Tél. 625 37 72 Lun.-sam. 10h-1h (3h ven.-sam.), dim. 11h-1h
Pas moins d'une vingtaine de bières pression dans ce bar animé, où se déroulent des jam-sessions le dimanche (16h30-19h).

Door 74 A2 12
→ *Reguliersdwarsstraat 74-1*
Tél. 06 340 45 122
Tlj. 18h-3h (4h ven.-sam.)
Comme au temps de la Prohibition, voici un bar secret où l'on ne pénètre, en principe, que sur réservation. Cocktails planants, dont les noms évoquent la plage, l'espace...

Escape B2 13
→ *Rembrandtplein 11*
Tél. 622 11 11 Jeu.-dim. 23h-4h (5h ven.-sam.)
Les plus populaires des soirées house et techno. Aux platines, célébrités locales et internationales. Aussi un restaurant et, dehors, une terrasse pour surveiller les va-et-vient.

Canvas op de 7de hors plan D4 14
→ *Wibautstraat 150*
Tél. 261 21 10 Lun.-ven. 7h-1h (3h ven.), w.-e. 8h-3h (1h dim.)
***Club** Ven.-sam. 23h-4h*
Au 7e étage d'un ancien bureau de presse, un restaurant-club, repaire décontracté des *beautiful people* ! À midi, on déjeune devant la vue ; les fins de semaine, place au dance-floor et aux sets du DJ : soul, nu-disco, afrobeat...

OPÉRA

Nationale Opera & Ballet C2 15
→ *Amstel 3 Tél. 625 54 55*
www.operaballet.nl
La scène du Ballet national et de l'Opéra des Pays-Bas ! Elle se fond dans le complexe du Stopera, bâti en 1986 par Wilhelm Holzbauer et Cees Dam, qui comprend aussi l'hôtel de ville.

SHOPPING

Maison NL B3 16
→ *Utrechtsestraat 118*
Tél. 428 51 83
Dim.-lun. 13h-18h (17h dim.), mar.-sam. 10h-18h
Parmi des marques triées sur le volet, ce concept-store diffuse des créations locales ou d'ailleurs, comme les sacs danois Royal Republiq. Bottes en peau, cabas léopard et autres surprises.

MHOOM C3 17
→ *Nieuwe Kerkstraat 6H*
Tél. 772 89 30
Mar.-sam. 9h30-17h30 (18h30 mer. ; 20h jeu.-ven. ; 17h sam.)
Cette boutique 100 % éthique propose sacs végans, imperméables produits de façon durable et bijoux en argent recyclé. Élégant... et *green* !

Waterloopleinmarkt C1 18
→ *Waterlooplein*
Lun.-sam. 9h-17h (variable)
Le plus grand et le plus ancien des marchés aux puces de la ville : fripes, artisanat africain, tissus indonésiens, disques...

Puccini Bomboni B1 19
→ *Staalstraat 17 Tél. 626 54 74*
Tlj. 9h (11h dim.-lun.)-19h
Les passants se pâment devant ses pralines et chocolats alléchants, faits maison, et réputés ! *Autre adresse : Singel 184* (**C** C1).

Droog B1 20
→ *Staalstraat 7b*
Tél. 523 50 50 Tlj. 9h-19h
Design néerlandais en vogue, avec des objets de la vie courante, mobilier, œuvres d'art, productions minimalistes... À l'étage, un excellent café.

JSEUM WILLET-HOLTHUYSEN

MAGERE BRUG

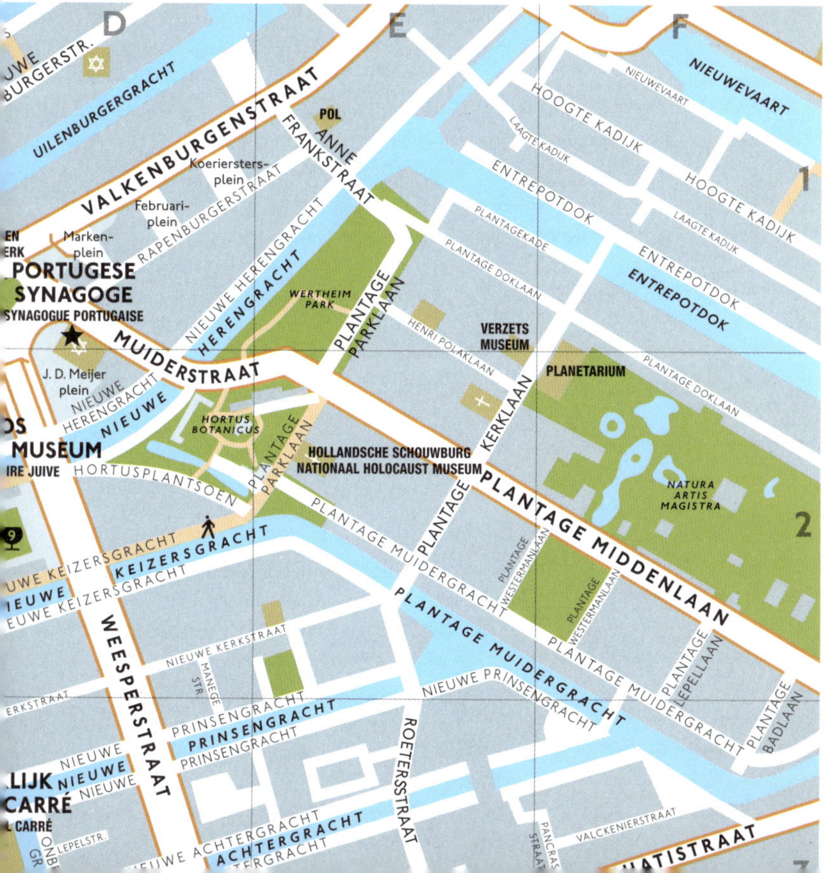

▶ Plan F

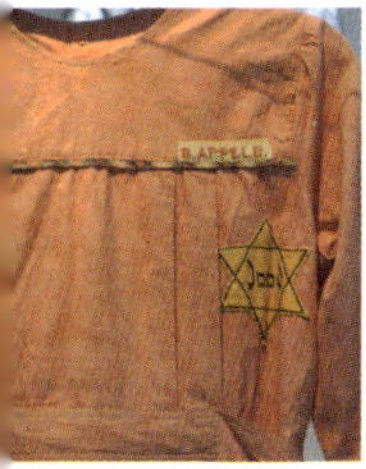
DS HISTORISCH MUSEUM

PORTUGESE SYNAGOGE

MUSEUM HET REMBRANDTHUIS

amont, les
ıstelsluizen, écluses
bois du XVIIe s.

**Koninklijk
eater Carré** D3
Amstel 115-125
0900 25 25 255
e façade classique, ornée
têtes de clowns et de
ıffons ! Conçu pour
ueillir le cirque d'Oscar
ré (1887), le théâtre
vint ensuite la principale
ne d'opéra italien.
grammation variée.

**Hermitage
sterdam** C2
*Amstel 51 Tél. 530 87 55 Tlj.
-17h Réservation conseillée*
sein de l'Amstelhof,
spice de la fin du XVIIe s., des expositions d'envergure, issues des inépuisables fonds du musée de l'Ermitage de Saint-Pétersbourg, témoignent des liens étroits entre les deux villes. Belle muséographie dans un intérieur blanc et lumineux.

★ Joods Historisch Museum D2
→ Nieuwe Amstelstraat 1
Tél. 531 03 10 Tlj. 11h-17h
Objets culturels, photos et documents sur les juifs de la ville. Le musée investit quatre synagogues ashkénazes (datant de 1671 à 1752), utilisées pour le culte jusqu'en 1943. Voir aussi p. 5.

★ Portugese Synagoge D1
→ Mr. Visserplein 3
Tél. 624 53 51 / 531 03 10
Déc.-jan. : dim.-ven. 10h-16h (14h ven.) ; fév., nov. : dim.-ven. 10h-17h (14h ven.) ; mars-avr., sep.-oct. : dim.-ven. 10h-17h (16h ven.) ; mai-août : dim.-ven. 10h-17h
Un bijou intact depuis 1675 ! Elle tient son nom des Séfarades qui, chassés d'Espagne et du Portugal, émigrèrent à Amsterdam. Murs en brique percés de 72 fenêtres, chandeliers piqués de 1 000 bougies... Et dans les bâtiments autour : objets rituels, vidéo captivante, synagogue d'Hiver, et à travers une vitre, la plus vieille bibliothèque juive du monde (1616). Voir aussi p. 5.

★ Museum Het Rembrandthuis C1
→ Jodenbreestraat 4
Tél. 520 04 00 Tlj. 10h-18h
Rembrandt vécut ses plus fécondes années dans cette demeure, achetée en 1639 grâce à la fortune de sa femme, Saskia. En 1658, ruiné, il lui fallut tout vendre. Du rez-de-chaussée aux combles, comme au temps du Siècle d'or : ustensiles de cuisine, lit à baldaquin, chevalet et pigments... À voir aussi : 250 gravures de l'artiste. Voir aussi p. 5.

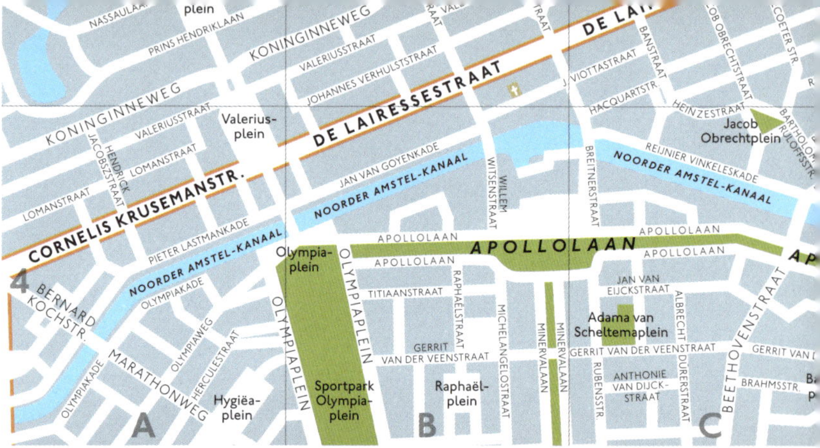

RIJKSMUSEUM

HEINEKEN EXPERIENCE

★ De Hollandsche Manege B2
→ *Vondelstraat 140*
Tél. 618 09 42
Tlj. 10h-23h (18h w.-e.)
Au coin de Vondelstraat, le néoclassique Manège hollandais, toujours en activité. L'École royale d'équitation y ouvrit ses portes en 1882. Voir aussi p. 6.

★ Roemer Visscherstraat C2
Du n° 20 au n° 30 de cette rue calme, sept maisons de l'architecte Tjeerd Kuipers (1894) illustrent sept pays d'Europe et leurs styles : façade hispano-mauresque, bulbe russe, bow-window anglais…

★ Vondelpark B2
Hommage à Joost Van den Vondel, grand poète du XVIIe s., un fabuleux parc à l'anglaise, planté d'une centaine d'essences. Cyclistes, patineurs et flâneurs parcourent ses allées lisses entre pelouses, étangs et jets d'eau. Concerts gratuits l'été à l'Openluchttheater. Voir aussi p. 6.

★ Concertgebouw C3
→ *Concertgebouwplein 10*
Tél. 671 83 45
***Visites** Lun., mer., ven., dim. 17h (13h30 mer. ; 12h30 dim.)*
www.concertgebouw.nl
Ouvert en 1888 grâce à des mélomanes soucieux d'offrir un bon équipement musical à la ville, le Concertgebouw et son orchestre jouissent aujourd'hui d'une notoriété mondiale. La Grande Salle (Grote Zaal) est réputée pour son acoustique.

★ Stedelijk Museum C3
→ *Museumplein 10*
Tél. 573 29 11
Ven.-mer. 10h-18h (22h ven.)
L'une des plus riches collections d'art moderne et contemporain au monde (peintures, dessins, photos, sculptures, installations, design…). À voir : Mondrian, Malevitch, le groupe CoBrA, Warhol ou Koons, sis dans un bâtiment néo-Renaissance (Weissman, 1895) et son annexe futuri (Benthem Crouwel). Voir aussi p. 7.

★ Van Gogh Museun D3
→ *Museumplein 6*
Tél. 570 52 00
Jan.-fév., oct.-déc. : ven.-mer. 9h-17h (21h ven.) ; mars-fin juin : tlj. 9h-18h (21h ven.) ; fi juin-août : tlj. 9h-19h (21h ve
Rés. indispensable sur www.vangoghmuseum.nl
Du rez-de chaussée au 3e étage, la muséographie suit le fil de la vie de Van Gogh et offre un panoram unique sur son œuvre : ses dessins, ses lettres et ses toiles, des *Mangeurs d*

DE HOLLANDSCHE MANEGE

VONDELPARK

Au sud, s'ouvre le prestigieux quartier des musées, à deux pas du Vondelpark, immense poumon vert environné d'hôtels cossus, où se déploient des terrasses de café. Plus trépidant, le Pijp, quartier étudiant et multiculturel, s'anime autour de son marché, avec ses boutiques et ses restaurants exotiques. De là, on gagne le Plan Zuid (Plan Sud), dessiné par Berlage et les architectes de l'école d'Amsterdam, dont témoigne l'ensemble ouvrier De Dageraad. Loin au nord-ouest, des bars et le complexe De Hallen, ancien dépôt de tramways devenu cinéma-hôtel-*food court*, augurent un Oud-West branché.

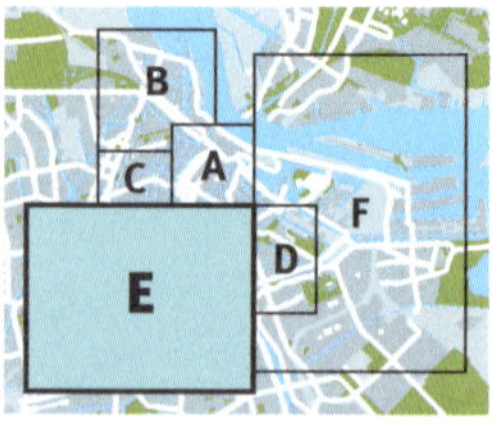

THE BUTCHER

MAMOUCHE

RESTAURANTS

Jacketz C1 (1)
→ *Kinkerstraat 56*
Tél. 774 06 40
Tlj. 12h-22h (23h ven.-sam.)
Fondantes, les pommes de terre en robe des champs se déclinent ici avec d'abondantes garnitures : ragoût, saumon fumé, émincé de porc, betterave aux noix, curry de légumes thaï... Pomme de terre 3,90€ ; garniture 4-7,50€.

De Hallen B1 (2)
→ *Bellamyplein*
Foodhallen *Tlj. 7h-1h (3h ven.-sam.)* ***Kanarie Club*** *Tél. 218 17 75 Mar.-ven. 8h30-23h (1h ven.), w.-e. 9h30-23h (1h sam.)* ***Remise47*** *Tél. 820 86 75 Tlj. 7h-22h*
Le bâtiment De Hallen abrite un trépidant *food court* inspiré des anciennes halles, où les stands font le tour du monde (plat env. 7€). Plus cosy, le restaurant Kanarie Club innove : homard, mozzarella fumée et glace au concombre, foie braisé à la bière de gingembre... (plat 15-19,50€). Sinon, au bistro Remise47 : risotto aux légumes verts, blancs de poulet aux truffes... (plat 14-20€).

The Butcher E3 (3)
→ *Albert Cuypstraat 129*
Tél. 470 78 75 Tlj. 12h-23h (1h mer.-jeu. ; 3h ven.-sam.)
Un *must* pour ses burgers, *fajitas* ou hot-dogs frais, à base de bœuf angus, agneau de Nouvelle-Zélande ou poulet mariné. Autres adresses dans la ville, dont le Foodhallen. Sandwich 9-15€.

Saravanaa Bhavan F3 (4)
→ *Stadhouderskade 123-124*
Tél. 753 12 50
Tlj. 10h-22h
Quant l'Inde du sud s'invite dans la Venise du nord... Dans un décor évoquant Madras, on déguste de savoureuses spécialités végétariennes : *dosas* (galettes garnies), riz sautés... Plat 11-17€.

Mamouche E3 (5)
→ *Quellijnstraat 104*
Tél. 670 07 36
Mar.-dim. 17h-22h30
Ouvert en 2002 par une famille de Casablanca, ce restaurant marocain fut pionnier ici ! Tajine d'agneau en vedette et recettes maison aux notes françaises, à la lueur des chandeliers. Plat 15,50-24,50€.

Pho91 B1 (6)
→ *Kinkerstraat 106*
Tél. 778 18 52
Mar.-dim. 17h30-22h
Comme dans les rues du Viêt-Nam, on trouve ici une délicieuse soupe de

CAFÉ LENNEP

PIETER CORNELISZ HOFFSTRAAT

nouilles et des petits mets délicats. Le tout enveloppé par de hauts murs blancs couverts de plantes vertes. Plat 14-16,50€.

Café Caron E3 7
→ *Frans Halsstraat 28*
Tél. 675 86 68 Tlj. 18h-22h
La famille Caron mène avec bonheur ce petit restaurant français, devenu une référence ! Coquelet sur lit de chou, bavette aux oignons cévenols... Plat 22-29€.

SALONS DE THÉ

Staring at Jacob A2 8
→ *Jacob van Lennepkade 215*
Tél. 223 74 98 Tlj. 9h30-16h30
Sur les rives d'un canal, des brunchs américains, plutôt sucrés-salés. Gaufres, muffins... Et sirop d'érable de rigueur !

Bakkerswinkel D4 9
→ *Roelof Hartstraat 68*
Tél. 662 35 94 Mar.-sam. 7h30-17h, dim. 9h-16h
Pains garnis, pâtisseries, charcuterie et poisson pour un brunch hollandais, dans un salon de thé réputé.

SLA E3 10
→ *Ceintuurban 149*
Tél. 233 43 91 Tlj. 11h-21h
Un lumineux café bio, pour faire le plein de vitamines ! Salades sur mesure, soupes, jus...

CAFÉS, BARS

Groene Vlinder E2 11
→ *Albert Cuypstraat 130*
Tél. 846 65 53
Tlj. 10h-1h (3h ven.-sam.)
En plein cœur du marché Albert-Cuyp, les habitants adorent se retrouver dans ce café clair sur les tables en bois, dehors, jusque bien après la disparition des étals ! Plats le soir.

Vondelpark/3 C2 12
→ *Vondelpark 3 Tél. 639 25 89*
Nov.-mars : tlj. 10h-18h ; avr.-oct. : tlj. 10h-23h
Dans l'ancien pavillon de la cinémathèque, abritant aujourd'hui des studios de télévision, un beau café et sa terrasse illuminée de lampions le soir. On y dispute le championnat de Latte Art (dessins sur mousse de lait) !

Café Quelle B2 13
→ *Jan Pieter Heijestraat 133-135 Tél. 618 15 30 Mar.-sam. 16h-1h (3h ven.-sam.)*
Ça swingue le mercredi soir dans ce café jovial : *groove*, blues ou country en live, et pour siroter, un bon choix de bières !

Café Lennep A2 14
→ *Jacob van Lennepkade 334*
Tél. 233 52 01 Lun.-ven. 12h-0h (3h ven.), w.-e. 11h-3h (0h dim.)
Briques et plantes vertes composent ce décor de loft à la new-yorkaise. Jolie cour et ambiance *chill out*, pour une soirée entre amis.

CINÉMA

Rialto E4 15
→ *Ceintuurbaan 338*
Tél. 662 34 88
www.rialtofilm.nl
Un cinéma de quartier existait déjà depuis 1928, avant ce cinéma d'art et essai, resté très convivial et doté d'un bar.

SHOPPING

Anna + Nina E3 16
→ *Gerard Doustraat 94*
Tél. 204 45 32 Tlj. 10h (12h lun. ; 11h w.-e.)-18h
Un joli concept-store cosy, bijoux, déco pour la table et la maison. Monté par deux jeunes créatrices qui s'inspirent de leurs voyages à travers le monde.

Romeo Vetro D2 17
→ *Hobbemastraat 11*
Tél. 470 27 05
Tlj. 11h (12h dim.)-18h
Design néerlandais et d'ailleurs : les tulipes se font sacs à main, porte-cartes, portefeuilles. Objets d'art en verre Daum, Lalique, Kosta Boda ou Orrefors.

Effect(s) B1 18
→ *Ten Katestraat 6*
Mar.-ven. 11h-17h, sam. 10h-18h www.effect-s.com
Dépôt-vente de vêtements, chaussures et accessoires d'occasion sélectionnés avec soin. Les invendus sont donnés à des associations caritatives.

Pieter Cornelisz Hoffstraat
Une rue dédiée à la mode et à la haute couture.

Shoebaloo D2 19
→ *N° 80 Tél. 671 22 10*
Mar.-sam. 10h-18h (21h jeu.), dim.-lun. 12h-18h
Un concept-store futuriste où trouver chaussure à son pied... mais aussi sacs et accessoires de créateurs.

Nikkie D2 20
→ *N° 34 Tél. 767 00 78*
Lun. 13h-18h, mar.-sam. 10h-18h (19h jeu.), dim. 12h-17h
Une mode *streetwear*-glamour pour les femmes, signée Nikkie Plessen.

Duikelman E3 21
→ *Ferdinand Bolstraat 66-68*
Tél. 671 22 30 Lun.-sam. 9h30-18h (17h sam.)
Le temple du cuisinier : de la casserole au presse-agrume, plus de 15 000 articles. *Autre adresse : Gerard Doustraat 48-54* (**E** E3).

De Kinderfeestwinkel E3 22
→ *Gerard Doustraat 65-67*
Tél. 672 22 15 Lun.-sam. 10h-18h, dim. 12h-17h
Que de jouets pour combler les petits... ou retomber en enfance !

NCERTGEBOUW

STEDELIJK MUSEUM

VAN GOGH MUSEUM

▶ Plan D

...ERT CUYPMARKT

SARPHATIPARK

DE DAGERAAD

...mes de terre (1885) au ...ébrissime *Champ de blé ...corbeaux* (1890). On ...ouvre les recherches ...'artiste sur les couleurs, ...origines de sa peinture, ...dernière année et son ...uence posthume. ...erbes expositions en ...s dans une aile ovale, ...ée Kisho Kurokawa ...98). Voir aussi p. 8.

...Rijksmuseum D2
...Museumstr. 1 Tél. 674 70 00 ...h-17h Rés. conseillée sur ...v.rijksmuseum.nl
... en 1885 et rénové en ...3 (A. Cruz et A. Ortiz), le ...smuseum met en scène ...inestimables collections ...ionales : 5 000 toiles et 800 000 dessins, dont des chefs-d'œuvre tels que *La Ronde de nuit* (Rembrandt), *La Laitière* (Vermeer), *Le Joyeux Buveur* (Frans Hals), et un fonds de photographies du xxe s. On rejoint aussi un étonnant pavillon asiatique de verre et de pierre, entouré d'eau. Voir aussi p. 9.

★ **Heineken Experience** E3
→ *Stadhouderskade 78*
Tél. 523 94 36
Lun.-jeu. 10h30-19h30, ven.-dim. 10h30-21h (dernières admissions 17h30 lun.-jeu., 19h ven.-dim.) Les moins de 18 ans doivent être accompagnés
Visite de l'ancienne usine Heineken (1934), des salles de brassage, où trônent les cuves de cuivre, jusqu'à une houleuse simulation où l'on vit la mise en bouteille ! Dégustation.

★ **Albert Cuypmarkt** F3
→ *Albert Cuypstraat*
Lun.-sam. 10h-17h
L'un des plus grands marchés de la ville et le centre vital du Pijp. Sur 1 km, fleurs, légumes, viandes, babioles et produits exotiques, reflets des cultures du quartier. Petits restaurants et cafés dans les rues adjacentes.

★ **Sarphatipark** F3
Le poumon vert du Pijp. Au centre, un monument en hommage à S. Sarphati (1813-1866), médecin auteur de nombreux projets sociaux dans ce quartier ouvrier. Pelouses très prisées.

★ **De Dageraad** F4
→ *Pieter Lodewijk Takstraat*
Voulu par la coopérative socialiste De Dageraad (L'Aurore), combinant 294 habitats et 6 magasins, un magistral exemple de l'école d'Amsterdam (M. De Klerk et P. L. Kramer, 1923). Entre Therese Schwartzeplein et Henriette Ronnerplein, le complexe occupe un embranchement en Y et se déploie en deux ailes sur P. L. Taskstraat. Célèbres tourelles d'angle façon parchemin roulé.

TROPENMUSEUM

NEDERLANDS SCHEEPVAARTMUSEUM

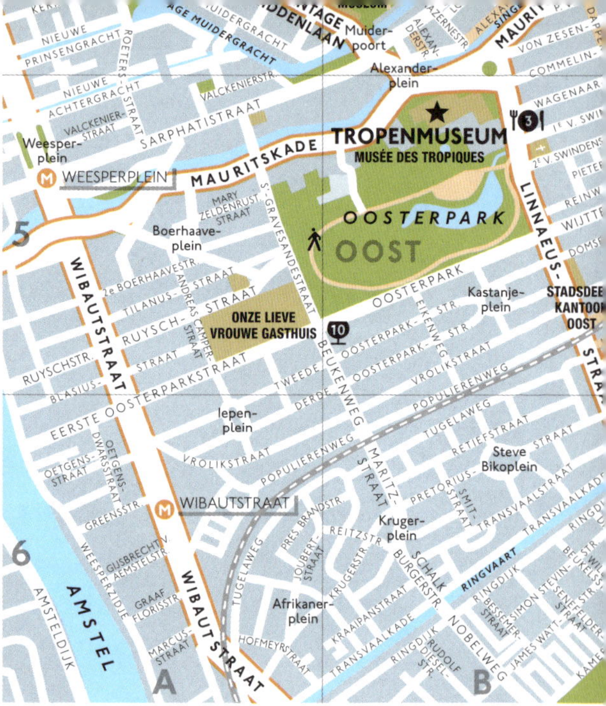

★ Hortus Botanicus A4
→ *Plantage Middenlaan 2a*
Tél. 625 90 21 Tlj. 10h-17h
Les médecins du XVIIe s. furent les premiers à cultiver les plantes rapportées par les marins hollandais… désormais exposées dans les vieilles serres de l'ancien Hortus Medicus (1682).

★ Verzetsmuseum A4
→ *Plantage Kerklaan 61a*
Tél. 620 25 35
Tlj. 10h (11h w.-e.)-17h
Une exposition captivante sur le quotidien de ceux qui s'engagèrent dans la Résistance pendant l'occupation nazie (presse clandestine, souvenirs, photos, films, etc.).

★ Natura Artis Magistra B4
→ *Plantage Kerklaan 38-40*
Tél. 523 36 70 Mars-oct. : tlj. 9h-18h (coucher du soleil juin-août) ; nov.-fév. : tlj. 9h-17h ***Café De Plantage*** *Tél. 760 68 00 Tlj. 9h (10h w.-e.)-1h*
Le plus ancien zoo d'Europe (1838), labyrinthique, abrite aussi un planétarium et un musée géologique. À voir, l'aquarium géant et ses 2 000 espèces, et la volière à spatules sur un polder. Superbe café-restaurant.

★ Tropenmuseum B5
→ *Linnaeusstr. 2*
Tél. 088 004 28 00
Mar.-dim. 10h-17h
Un musée ethnographique, présenté par continent, à la rencontre des cultures du monde, notamment celles des anciennes Indes néerlandaises. Expositions.

★ Nederlands Scheepvaartmuseum A3
→ *Kattenburgerplein 1*
Tél. 523 22 22 Tlj. 9h-17h
Toute l'histoire maritime des Pays-Bas dans l'ancien arsenal de l'Amirauté (1656) ! Maquettes, atlas interactifs, son et lumière d'un naufrage, reconstitution des entrailles d'une baleine… À quai, l'*Amsterdam*, copie d'un trois-mâts de la Compagnie des Indes orientales.

★ NeMo A3
→ *Oosterdok 2 Tél. 531 32 33*
Mar.-dim. 10h-17h30 (et lun. mi-fév.-déb. sep.)
Jeux, laboratoires et ateli[…] invitent à découvrir de manière ludique la scien[…] et la technologie.

★ EYE Filmmuseum (
→ *IJpromenade 1 Ferry gratu[…] au départ de Centraal Station Tél. 589 14 00 Tlj. 10h-dernie[…] film* ***Café*** *Tlj. 10h-1h (2h ven.-sam.) www.eyefilm.*
Sur les rives de l'IJ depuis 2012, l'époustouflant bâtiment iceberg de la cinémathèque et ses qua[…] auditoriums. Expositions extraits de films et, du ca[…] restaurant, une vue sur l'[…]

HORTUS BOTANICUS

VERZETSMUSEUM

Bourgeois, semé de jardins et de grands musées, le Plantage accueille entre autres le zoo arboré de la ville. Au sud, vers Oosterpark et Frankendael Park, les rues d'un Oost en plein essor vibrent au rythme de leurs cafés et boutiques, ainsi que du Dappermarkt, un marché quasi quotidien. Au nord, au bord de l'IJ, il fait bon flâner sur les docks, port historique réhabilité. De là, des ferries franchissent le bras de mer vers un Noord industriel en mutation conquis par des centres d'art et des cafés alternatifs. Tandis qu'à l'est, les presqu'îles du Zeeburg et même au-delà, sur l'IJburg, dévoilent de véritables musées d'architecture contemporaine.

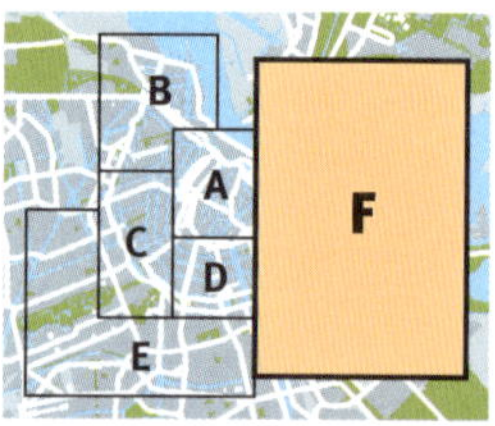

WILDE ZWIJNEN

DE KAS

RESTAURANTS

Mediamatic ETEN A2 🍴1
→ *Dijksgracht 6*
Tél. 06 319 03 21 82
Tlj. 16h-21h30 ***Bar*** *Lun.-mar., dim. 9h-22h, mer.-sam. 9h-0h*
Sur le port historique, ce restaurant végan aux mets savoureux se permet des écarts iodés : huîtres du cru, saumon fumé et pizzas au poisson du jour pêché dans l'IJ. Pizza, plat 9-15€.

Instock B4 🍴2
→ *Czaar Peterstraat 21*
Tél. 363 57 65
Tlj. 8h30 (11h w.-e.)-23h
Ici, zéro gaspillage ! C'est la récolte matinale de produits dit "invendables" qui inspire le menu du jour (tartare de cabillaud nappé de citron-vanille, crumble au marc de café...), imaginé par un chef créatif. Menu 4 petits plats (dîner) 29,50€ ; plat dès 9,50€.

De Biertuin B5 🍴3
→ *Linnaeustraat 29*
Tél. 665 09 56 Tlj. 11h-1h (3h ven.-sam. ; lun., jeu. 16h-1h)
Il y a foule dans cette avenante brasserie, dont les 80 choix de bières arrosent poulet à la broche, fish & chips, choucroute, ou un hamburger maison très acclamé. *Autre adresse sur Prinsengracht 494* (**C** B4). Plat 11-16€.

Café Modern D2 🍴4
→ *Meidoornweg 2*
Tél. 494 06 84
Lun.-sam. 12h-15h, 18h-22h
Lumières éclatantes et meubles recyclés composent cet étonnant décor "ouvrier" stylé ! Menu dégustation le soir, et le midi : omelette aux herbes, bisque, tarte aux poires. Plat 11-16€ (midi), menu 43€ (soir).

IJ-Kantine C1 🍴5
→ *NDSM-kade 5*
Tél. 633 71 62 Tlj. 9h-23h
À l'arrivée des ferries, cet entrepôt réhabilité accueille les promeneurs venus s'aérer sur les docks du Noord. Bons petits plats, au bord de l'eau ou derrière des baies vitrées. Plat 15-23,50€.

Wilde Zwijnen D4 🍴6
→ *Javaplein 23hs*
Tél. 463 30 43
Lun.-jeu. 18h-22h ; ven.-sam. 12h-16h, 18h-22h
Une petite référence de gastronomie hollandaise : soupe crémeuse aux crevettes, croquettes de porc au chou vert, biscuit d'avoine et glace à la pomme, dans un beau cadre brut. Menu 33,75-39,75€ ; plat 20,50-27€.

De Kas C6 🍴7
→ *Kamerlingh Onneslaan*
Tél. 462 45 62

NRY'S BAR

BIMHUIS

POL'S POTTEN

Lun.-ven. 12h-14h, 18h30-22h ; sam. 18h30-22h
Au cœur du Frankendael Park, cette serre où l'on s'attable n'a pas tout à fait perdu sa fonction, avec ses plants de tomate et ses herbes ! Cuisine délicate à base de légumes en partie cultivés sur place. Menu 35,50-45€ (midi) et 57-65€ (soir).

CAFÉS, BARS

Amsterdam Roest B3 8
→ *Jacob Bontiusplaats*
Tél. 06 1128 6924 Horaires sur www.amsterdamroest.nl
Creuset culturel où se mêlent des créatifs de tous bords, ce café insolite, sis dans un ancien entrepôt de stockage de gaz, a fait peau neuve en 2019. Expos, DJs, films, théâtre… Plus de plage ici, cependant, mais un quartier naissant autour !

Brouwerij't IJ B4 9
→ *Funenkade 7 Tél. 261 98 01*
Tlj. 14h-20h
Ce café, installé dans un moulin, brasse sa propre bière dans un étroit local où l'on boit debout !

Bar Bukowski / Henry's Bar B5 10
→ *Oosterpark 10*
Tél. 370 16 85
***Bar Bukowski** Lun.-ven. 8h-1h (3h ven.), w.-e. 9h-3h (1h dim.)*
***Henry's Bar** Jeu., sam. 20h-1h (3h sam.), ven. 18h-1h*
Deux bars contrastés, en interconnection : le Bukowski, pub enjoué servant bières, vins et snacks, et le très branché Henry's Bar, où les foules se ruent pour un cocktail.

CLUBS, CONCERTS, CENTRES CULTURELS

Bimhuis A2 11
→ *Piet Heinkade 3*
Tél. 788 21 88 www.bimhuis.nl
“La” scène jazz de la ville, ouverte aux artistes de tous horizons.

Muziekgebouw aan't IJ A2 12
→ *Piet Heinkade 1*
Tél. 788 20 00
*muziekgebouw.nl **4'33 grand café** Tél. 788 20 90 Mer.-dim. 10h-23h30 (oh jour de concert)*
Se mirant dans l'IJ, cette salle de concerts toute transparente (2005) offre une acoustique high-tech à la musique classique ou contemporaine. Deux salles (725 et 100 places) et un restaurant panoramique (le 4'33).

Panama C3 13
→ *Oostelijke Handelskade 4*
*Tél. 311 86 86 **Restaurant happyhappyjoyjoy** Lun.-ven. 17h-1h, w.-e. 12h-2h **Soirées** Ven.-sam. (parfois dim.)*
www.panama.nl
Dans un ancien bâtiment portuaire, un temple de la nuit pour noctambules chevronnés. Soirées électro, techno, 80's… et restaurant asiatique.

ARCAM A3 14
→ *Prins Hendrikkade 600*
Tél. 620 48 78 Mar.-dim. 13h-17h www.arcam.nl
Ce bâtiment de poupée postmoderne, tout en courbes abrite le Centre d'architecture. Expos et plans de la ville avec “routes de l'architecture”.

Tolhuistuin D2 15
→ *IJ-Promenade 2*
*Tél. 763 06 50 **Restaurant** Tlj. 11h-22h www.tolhuistuin.nl*
Un pôle multiculturel de pointe a investi les locaux des usines Shell : expos, concerts, danse et café-restaurant, avec en été, une scène dans le jardin.

NDSM C1 16
→ *T.T. Neveritaweg 15*
Ferry gratuit au départ de Houthaven (**B** C1) *et de Centraal Station* (**A** C1)
De l'autre côté de l'IJ, au cœur de ce quartier underground, l'ancien chantier naval NDSM abrite quelque 250 artistes ! Ateliers (photo, design…), cafés et restaurants dans le hall d'un entrepôt et sous deux rampes à bateau.

CINÉMA

Studio K C4 17
→ *Timorplein 62*
Tél. 692 04 22
***Café** Tlj. 11h-1h (3h ven.-sam.)*
www.studio-k.nu
Un cinéma d'art et essai, parfois club le week-end. Films de tous les pays, et café jeune et intello.

SHOPPING

Het Faire Oosten C5 18
→ *Waldenlaan 208*
Lun.-sam. 10h-18h30 (18h sam.), dim. 1h-18h
Fabrication artisanale et commerce équitable, tel est le concept de ce beau magasin du “far-east” : mode, accessoires, déco…

Pols Potten C2 19
→ *KNSM Laan 39*
Tél. 419 35 41 Mar.-sam. 10h-18h, dim. 12h-17h
Dans un immense espace : objets pour la maison, de l'ancien au design.

Van Dijk En Ko D1 20
→ *Papaverweg 46*
Tél. 684 15 24
Mar.-dim. 10h (12h dim.)-18h
Porcelaines, chemises d'antan ou arrosoirs en fer, dans un hangar de 2 500 m². Aussi, au même numéro : Neep Louis, dédié au design industriel à partir des années 1920.

NEMO

EYE FILMMUSEUM

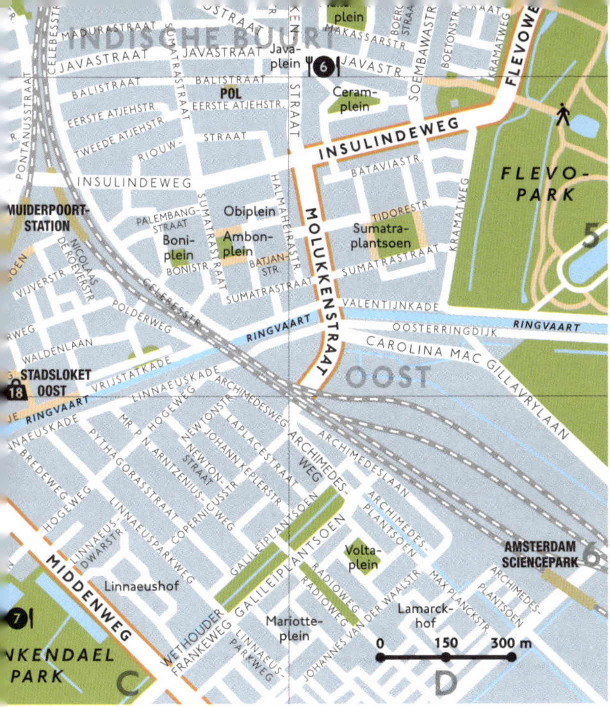

OOSTELIJK HAVENGEBIEDG

OOSTELIJK HAVENGEBIED

Noord D2
*Mº ligne 52 ou ferries tuits au départ de Centraal tion (**A** C1), Houthaven (**B** C1) zartplein (**F** C2)*
nord de l'IJ, une terre aissée par l'industrie fait oie des cyclistes et des stes underground, avec ateliers et ses cafés-taurants informels. nº 40 Oslofjordweg rs plan **F** C1), le bâtiment nsformé de Kraanspoor Hooykaas et J. Wolse, 08), aux panneaux ovibles ; au nº 15 veritaweg (**F** C1), l'ancien antier naval NDSM, rmillant de studios photo, design, cinéma, etc. ; juste à côté, la plage panoramique de Pllek ; et, plus loin, le village maritime de Durgerdam. Voir *Les Balades* (**G**) et *Les échappées* (**H**).

★ Oostelijk Havengebied D3
Dans les années 1990, face à une crise du logement, la ville décida d'exploiter ces polders créées à la fin du XIXᵉ s. pour la zone portuaire orientale. Résultat : un puzzle d'habitats futuristes, ouverts sur la mer. Il s'étend aujourd'hui toujours plus vers l'est, sur dix îles de l'IJburg (hors plan **F** D3), qui compteront à terme 45 000 logements, restaurants, plages... Voir aussi p. 12.

Java-eiland C2
Sur cette île aux ponts insolites et mini-canaux, cinq pâtés d'immeubles colorés. De 4,5 m de large et de 11 m de long, ils imitent les maisons du XVIIᵉ s.

KNSM-eiland D2
L'ancien port de la Compagnie royale de bateaux à vapeur KNSM, repensé par le Néerlandais Jo Coenen. Rompant avec la tradition du pays, c'est le triomphe du gigantisme ! Sur Levantkade : le Piraeus (H. Kollhoff et C. Rapp, 1994), sévère édifice en brique brune, et le Barcelona (B. Albert, 1993), complexe en hémicycle fermé par une grille (N. Tordoir). Tout à l'est, sur Venetiëhof, l'imposant Emerald Empire (J. Coenen, 1996), résidence circulaire à la structure alvéolaire.

Sporenburg-eiland / Borneo-eiland D3
Deux presqu'îles, que relient deux ponts rouge vif, dont l'ondulant Pythonbrug. En 1995, l'association West 8 y conçut immeubles bas et maisons à patio, inspirés des maisons de canaux. Sur Baron G. A. Tindalplein, une exception : le Whale (F. Van Dongen, 2000), dont les lignes diagonales évoquent une baleine.

reconverti ! Cette pépinière de *startups* ultra-dynamiques a fait de l'économie circulaire son atout : énergie solaire, dépollution des sols par les plantes disséminées sur le site, agriculture urbaine en aquaponie (utilisation des déjections de poissons comme engrais naturel), recyclage... Après une flânerie le long des péniches récupérées et transformées en bureaux, espaces de *coworking* ou chambres d'hôtel, on pousse l'expérimentation au café du site, tout en bois de recyclage, dont les fourneaux tournent au biogaz produit par un méthaniseur exploitant les déchets des toilettes ! Une fois restauré, on emprunte Papaverhoek et Distelkade pour rejoindre Distelweg.

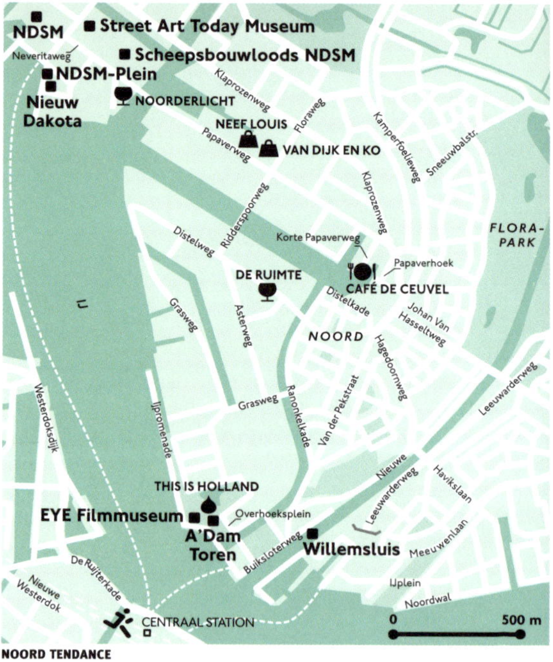

NOORD TENDANCE

De Distelweg à Ijplein

Sur Distelweg, passage obligé au bouillonnant café **De Ruimte** (cf. encadré), au dernier étage d'un bâtiment moderne. Au menu : cuisine du monde, expos, concerts, jam-sessions et vente de vinyles dans un espace cosy, que demander de plus ? Après avoir remonté Distelweg jusqu'à la rive de l'IJ, longer Grasweg jusqu'à l'IJpromenade, qui mène au futuriste **EYE Filmmuseum** (**F** C2), qui abrite la cinémathèque. Ne pas hésiter à y entrer pour découvrir son café, depuis lequel profiter d'une vue imprenable sur le fleuve et la ville. Pour un autre panorama, ne pas manquer l'expérience immersive **This is Holland** (cf. encadré), sise dans un bâtiment circulaire en face de la cinémathèque. Là, un écran-dôme donne l'illusion de survoler les Pays-Bas ! À deux pas, les amateurs de sensations fortes poursuivront à l'**A'Dam Toren** (cf. encadré), une tour proposant de multiples activités. Parmi elles, l'"A'Dam Lookout" consiste à faire de la balançoire perché à 100 m au-dessus du vide... Si on a le vertige, on optera pour une passionnante exposition interactive sur l'histoire d'Amsterdam.

Remis de ses émotions, on rejoint les abords bucoliques de Buiksloterweg jusqu'à l'écluse de Willemsluis. Dernière flânerie autour de Meeuwenlaan dans un quartier ouvrier des années 1960 avant d'atteindre l'IJplein, où on embarque sur un ferry direction Centraal Station.

ADRESSES

Street Art Today Museum
→ *Tt. Neveritaweg 1*
Tél. 06 246 265 56
Horaires sur streetart.today

Neef Louis
→ *Papaverweg 46*
Tél. 486 93 54
Mar.-sam. 10h-18h

De Ceuvel
→ *Korte Papaverweg 4*
Tél. 229 62 10 Mar.-dim. 11h-0h (2h ven.-sam.)

De Ruimte
→ *Distelweg 83*
Tél. 06 422 119 09
Mer.-ven. 17h-1h (3h ven.), w.-e. 16h-3h (1h dim.)

This is Holland
→ *Overhoeksplein 51*
Tél. 215 30 08
Avr.-sep. : tlj. 10h-20h ; oct.-mars : tlj. 10h-19h

A'Dam Toren
→ *Overhoeksplein 1*
Tél. 242 01 00 Tlj. 10h-22h

EYE FILMMUSEM

2. Noord tendance Réjouissante ambiance post-industrielle au bord de l'IJ, où communautés artistiques, petites entreprises innovantes et créateurs ont investi les anciens chantiers navals.

→ **Départ** *Centraal Station*
→ **Arrivée** *IJplein*
→ **Distance** *7 km*
→ **Durée** *3h*

PAS À PAS

De Centraal Station à Distelweg

Début de la balade derrière Centraal Station, où prendre gratuitement le ferry (indiqué "NDSM-Werf") vers le Noord. Au bord de l'IJ, architecture moderne et silos reconvertis en lofts dessinent le profil de cette Amsterdam en devenir. Une fois arrivé, on fonce au **NDSM** (**F** C1), un ancien chantier naval désormais investi par des créateurs de tous bords. Première rencontre avec l'art urbain qui fleurit ici : un souriant portrait d'Anne Frank de 240 m², réalisé par Eduardo Kobra sur la façade du **Street Art Today Museum** (cf. encadré). À l'intérieur de ce gigantesque hangar, des œuvres de *street artists* du monde entier se disputent joyeusement murs, blocs de béton, containers et vieux tramways. En sortant, flâner à la découverte des autres espaces de cette vaste zone culturelle : installations artistiques temporaires sur NDSM-Plein, expositions de jeunes talents d'ici et d'ailleurs dans un hangar baptisé **Nieuwe Dakota**, sans parler de l'immense entrepôt **Scheepsbouwloods NDSM**, domaine d'Art City NDSM. Sous l'impressionnante charpente métallique : ateliers, studios de télévision, expos, théâtre... Dans un coin de verdure, l'insolite café **Noorderlicht** (**F** C1) est idéal pour une pause au bord de l'eau. On poursuit sa route sur Papaverweg, au milieu de photogéniques terrains vagues dignes d'un film de Jim Jarmusch. En chemin, s'arrêter chez **Van Dijk En Ko** (**F** D1) et **Neef Louis** (cf. encadré), deux grands entrepôts où s'adonner à une séance de shopping vintage, entre meubles industriels, fripes et vaisselle d'antan. Prochaine étape : **Café De Ceuvel** (cf. encadré), autre chantier naval brillamment

HERENGRACHT

1. Canaux du Siècle d'or

De musées confidentiels en maisons cossues, incursion dans l'Amsterdam du XVIIe s., au fil de quatre canaux historiques.

→ **Départ** *Collectie Six*
→ **Arrivée** *Café Van Zuylen*
→ **Distance** *6 km*
→ **Durée** *3h*

PAS À PAS

De l'Amstel à Herengracht
Le long de l'Amstel, rendez-vous au n° 218, devant la demeure de l'un des hommes les plus influents du Siècle d'or : Jan Six (1618-1700), mécène et ami de Rembrandt, qui constitua une impressionnante collection d'art, la **Collectie Six** (cf. encadré). On la découvre sur réservation, guidé par son héritier *himself* ! Après avoir traversé l'Amstel sur le Blauwbrug, direction le **Museum Het Rembrandthuis** (**D** C1), où Rembrandt vécut et peignit pendant près de vingt ans. Un peu plus loin sur Sint Antoniesbreestraat, le beau clocher en brique rouge de l'église protestante **Zuiderkerk** (1603-1611, cf. encadré) est l'œuvre de l'architecte phare du Siècle d'or à Amsterdam : Hendrick de Keyser. À deux pas, le **Café De Engelbewaarder** (**D** B1) est idéal pour une bière pression ou un chocolat chaud avant de poursuivre sa route vers l'esplanade de Thorbeckeplein. C'est ici que débute la **Gouden Bocht** (**C** C4), la "Courbe d'or", succession de somptueuses demeures s'alignant sur Herengracht et ayant appartenu aux riches marchands du XVIIe s. On saisit l'occasion pour découvrir le faste de l'une d'entre elles en visitant l'insolite collection d'art valorisant les félins du **Katten Kabinet** (**C** D4), à moins de préférer la collection du **Bijbels Museum** (**C** C3), sise dans l'ancienne demeure de la richissime famille Cromhout. Pour tout apprendre sur l'histoire des canaux, on privilégiera une incursion au **Het Grachtenhuis** (**C** C3). Puis, retour au XXIe s. pour une séance shopping dans les boutiques branchées bordant les ruelles reliant les canaux : design chez **The Frozen Fountain** (**C** B3), jeans de créateurs chez **Denham** (**C** B3)... Arrivé à la **Chocolaterie Pompadour** (cf. encadré), on craque pour une de leurs délicieuses pâtisseries,

à déguster dans un élégant décor lambrissé.

De Herengracht au Singel
Une fois rassasié, remonter Prinsengracht vers le n° 353, un ancien entrepôt datant de 1650, puis gagner Keizersgracht où se trouve au n° 210 la maison du beau-père de Jan Six, personnage principal du célèbre tableau de Rembrandt, *La Leçon d'anatomie du docteur Tulp*. À quelques encablures, on admire les pignons ornementés, le clocher et la brique rouge caractéristiques du style Renaissance de la **Westerkerk** (**B** B5), la première église protestante d'Amsterdam, érigée par Hendrick de Keyser. Au n° 123 de Keizersgracht se dresse une autre de ses réalisations, la **Huis met de Hoofden** (1622, cf. encadré), la "maison des Têtes", qui doit son nom aux bustes de six dieux romains ornant sa façade. On rejoint ensuite Prinsengracht où les copieux burgers du café **De Prins** (cf. encadré) invitent à une pause déjeuner. Tout à côté dans la même rue, l'**Amsterdam Tulip Museum** (cf. encadré) raconte l'histoire de la tulipe, à l'origine du premier crash boursier de l'histoire, en 1637 ! Au n° 89, on découvre **Van Brienenhofje**, une ravissante cour intérieure cachée, avant de poursuivre vers une autre église signée Hendrick de Keyser : **Noorderkerk** (**B** C4), datant de 1623. En empruntant le **Brouwersgracht** (**B** C4), on débouche sur le Singel, le plus ancien canal formant une demi-boucle. On y découvre au n° 166 la plus petite maison d'Amsterdam (1634), ainsi qu'une étrange maison penchée au n° 182, à l'intérieur de laquelle participer à une dégustation de fromages chez **Reypenaer** (cf. encadré). Après cette traversée du Siècle d'or, on finit en beauté au sein du chaleureux **Café Van Zuylen** (cf. encadré).

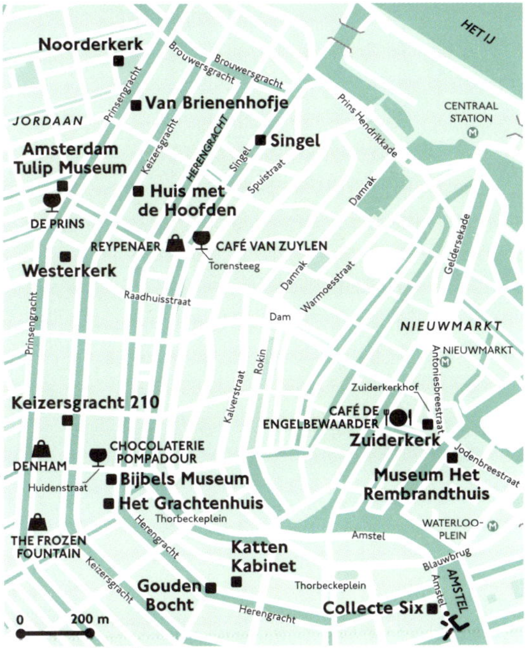

CANAUX DU SIÈCLE D'OR

ADRESSES

Collectie Six
→ *Amstel 218*
Tél. 642 77 77
Sur rdv Lun.-ven. matin
www.collectiesix.nl

Zuiderkerk
→ *Zuiderkerkhof 72*
Tél. 308 03 99
Visite guidée de la tour uniquement
Lun.-sam. 13h-15h30

Chocolaterie Pompadour
→ *Huidenstraat 12*
Tél. 623 95 54
Tlj. 10h (9h sam. ; 12h dim.)-18h

Huis met de Hoofden
→ *Keizersgracht 123*
Tél. 625 80 79
Mer.-ven. 10h-17h

Café de Prins
→ *Prinsengracht 124*
Tél. 624 93 82
Tlj. 10h-1h (2h ven.-sam.)

Amsterdam Tulip Museum
→ *Prinsengracht 116*
Tél. 421 00 95
Tlj. 10h-18h

Reypenaer
→ *Singel 182*
Tél. 320 63 33
Tlj. 10h (12h lun. ; 11h dim.)-18h

Café Van Zuylen
→ *Torensteeg 8*
Tél. 639 10 55
Tlj. 10h-1h (2h ven.-sam.)

3. L'Oost hors des sentiers battus

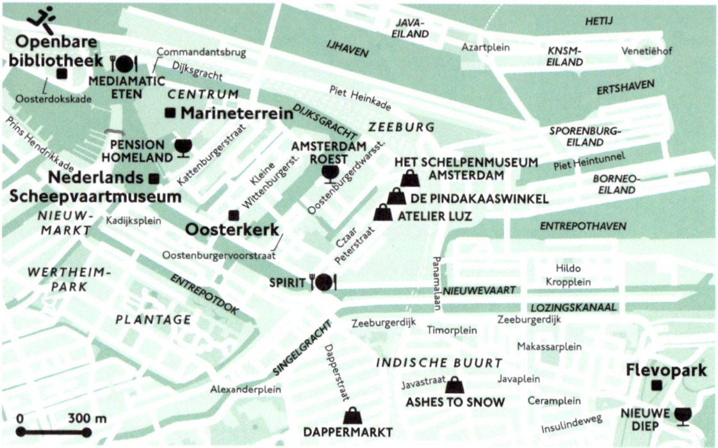

L'OOST HORS DES SENTIERS BATTUS

Amsterdam (cf. encadré), un insolite musée du Coquillage remarquable pour sa boutique, mine de trésors où s'offrir, au choix, mystérieux fossiles, délicats bijoux ou objets d'art composés des fameuses conques. Le reste de la rue égrène les petites boutiques, parmi lesquelles on note les étalages colorés de **De Pindakaaswinkel** (cf. encadré), une épicerie fine réputée pour son délicieux beurre de cacahuètes, disponible en dix versions ! Ne pas manquer l'**Atelier Luz** (cf. encadré) et ses bijoux contemporains aux lignes épurées. Ceux ayant fait l'impasse sur le déjeuner pourront se rattraper au **Spirit** (cf. encadré), dont les plats sont tous garantis végétariens et 100 % bio. La traversée du pont mène ensuite au marché de **Dappermarkt** (**F** B5), qui rythme la vie du quartier. On se balade entre les stands de produits exotiques, de vêtements à des prix imbattables ou d'ustensiles de cuisine et d'outillage. De là, s'enfoncer dans le cosmopolite quartier d'**Indische Buurt** en empruntant Javastraat : cafés, boutiques tendance, épiceries turques, bazars marocains et snacks surinamais se mêlent dans un joyeux désordre. Faire une halte dans la galerie **Ashes to Snow** (cf. encadré), où se rencontrent art, design et photographies de jeunes artistes. On finit en beauté dans le bucolique **Flevopark**, où prendre une véritable bouffée d'air frais et goûter un verre de genièvre distillé sur place au **Nieuwe Diep** (cf. encadré), charmant havre de verdure.

ADRESSES

Pension Homeland
→ *Kattenburgerstraat 7 Tél. 723 25 50 Tlj. 7h-1h (3h ven.-sam.)*

Oosterkerk
→ *Kleine Wittenburger straat 1 Tél. 06 8318 5981 www.oosterkerk-amsterdam.nl*

Het Schelpenmuseum Amsterdam
→ *Czaar Peterstraat 249 Tél. 238 41 23 Mer.-sam. 11h-18h*

De Pindakaaswinkel
→ *Czaar Peterstraat 169 Tél. 06 3020 1166 Mer.-sam. 14h (12h sam.)-17h*

Atelier Luz
→ *Czaar Peterstraat 134 Tél. 06 402 528 71 Jeu.-sam. 12h-17h*

Spirit
→ *Czaar Peterstraat 2a Tél. 737 16 71 Tlj. 8h-23h*

Ashes to Snow
→ *Javastraat 72 Tél. 362 14 80 Mer.-sam. 10h-18h, dim. 12h-17h*

Nieuwe Diep
→ *Flevopark 13 Tél. 06 270 760 05 Avr.-sep. : mar.-dim. 15h-20h ; oct.-mars : mer.-dim. 15h-18h*

OPENBARE BIBLIOTHEEK

3. L'Oost hors des sentiers battus

Du premier port de la ville au Flevopark, cap vers l'est dans un quartier chéri des Amstellodamois, de plus en plus *hype* !

→ **Départ** *Openbare bibliotheek*
→ **Arrivée** *Flevopark*
→ **Distance** *6 km*
→ **Durée** *4h*

PAS À PAS

D'Oosterdokskade à l'Amsterdam Roest

Départ au n° 143 de l'Oosterdokskade, au pied de l'ultra-moderne **Openbare bibliotheek** (**F** A3), l'une des plus grandes d'Europe, conçue par Jo Coenen. Du haut de sa terrasse panoramique, on profite d'une vue imprenable sur la vieille ville ! Puis direction Dijksgracht, où prendre des forces en goûtant un des petits plats sains du **Mediamatic ETEN** (**F** A2), dont la terrasse donne sur le port historique. Une fois traversé le Commandantsbrug, le vaste parc du **Marineterrein** invite à une douce flânerie en plein air. Véritable havre de tranquillité accueillant entreprises innovantes et manifestations culturelles, cet ancien terrain de l'Amirauté fut le chantier naval de la ville de 1655 à 1915. Pour une pause sucrée, ne pas manquer l'adorable café de la **Pension Homeland** (cf. encadré), qui sert dans un décor tout droit sorti des années 1960 une incontournable tarte aux pommes parfumée à la cannelle. À deux pas, on entre dans un arsenal datant de 1656, le **Nederlands Scheepvaartmuseum** (**F** A3), pour s'immerger dans la captivante histoire maritime des Pays-Bas à l'aide de reconstitutions et de dispositifs son et lumière très vivants. Se diriger ensuite vers **Oosterkerk** (cf. encadré), une église où l'on peut librement assister à des concerts d'orgue et de musique classique les dimanches et vendredis après-midi. Poursuivre en empruntant la passerelle d'Oostenburgervoorstraat pour gagner Oostenburgermiddenstraat, bordée d'anciens entrepôts de stockage de gaz, aujourd'hui cadre de nombreux événements culturels. Il se passe notamment toujours quelque chose à l'**Amsterdam Roest** (**F** B3), café dynamique qui organise, pêle-mêle, marché de vinyles à petit prix, parties d'échecs accompagnées de jazz, concerts de soul, hip-hop, reggae... Il ne sera pas facile de repartir !

De l'Amsterdam Roest au Flevopark

Prochaine étape : Czaar Peterstraat, que l'on remonte jusqu'au **Het Schelpenmuseum**

KEUKENHOF

ZAANSE SCHANS

Prendre le large à 1h d'Amsterdam !

Amsterdamse Bos

→ *À 7 km au sud Métro ligne 54 de Centraal Station jusqu'à l'arrêt Bijlmer ArenA, puis bus 300 jusqu'à Amstelveen Busstation, puis bus 186 jusqu'à Amstelveen Molenweg* ***Visitor Center De Boswinkel*** *Bosbaanweg 5 Tél. 545 61 00 Mar.-dim. 10h-17h*
Le bois (*bos*) d'Amsterdam, créé en 1934 sur un polder, équivaudrait à trois Central Park (1 000 ha) ! À la place des marais de jadis, une forêt épaisse et des sentiers, lacs, prairies, terrains de sport – dont une patinoire en hiver –, aires de jeux et cafés... Faire un tour au Visitor Center à l'entrée : plan et infos sur les excursions en bateau en été, canoë-kayak, location de vélos...

Grand Café De Bosbaan
→ *Bosbaan À côté du Visitor Center Tél. 404 48 69 Mars-oct. : tlj. 9h30-22h ; nov.-fév. : tlj. 9h30-19h*
On ne peut manquer cet ovni, qui domine le parc et le canal de Bosbaan. Œufs frits, croquettes, poulet au saté... Plat 9-19€.

Durgerdam

→ *À 10 km au nord-est Ferry de Centraal Station jusqu'à IJ-Plein, puis vélo sur Nieuwendammerdijk 25 min à vélo*
Desservi par un chemin de digue, ce village aux maisons de bois, la plupart du XVIIe s., s'étire le long de l'IJsselmeer, un lac d'eau douce issu de l'ancien Zuiderzee (mer du Sud). Port de plaisance.

Cafe 't Sluisje
→ *Nieuwendammerdijk 297 Tél. 636 17 12 Mar.-ven. 11h-1h (2h ven.), w.-e. 10h-1h*
Dans une maison de 1565, ce "café brun" sert saucisses et tartes maison. Plat 9-16,50€.

Muiderslot

→ *À 15 km à l'est Herengracht 1, Muiden Bus 320 (ttes les h) d'Amstelstation jusqu'à l'arrêt P+R Terrein Muiden ou train de Centraal Station à Weesp, puis bus 110 jusqu'à Brandweerkazerne Muiden, puis 10 min de marche Tél. (0294) 25 62 62 Avr.-oct. : tlj. 10h-17h ; nov.-mars : mar.-dim. 10h-17h*
Le plus beau château fort des Pays-Bas (XIIIe s.) ! À l'intérieur, meubles et ustensiles évoquent la vie pendant le Siècle d'or, lorsque le grand poète Pieter Cornelis Hooft (1581-1647) vivait là. Magnifiques jardins et verger, avec vue !

Graaf Floris V
→ *Herengracht 72 Tél. (0294) 26 12 96 Tlj. 11h-0h*
Cette auberge, ouverte en 1652, sert des plats bien néerlandais : soupe aux pois, foie de veau, potée ou *stampot*... Plat 18,50-29,50€.

ROYAL FLORAHOLLAND

LES ÉCHAPPÉES

Royal FloraHolland

→ *À 30 km au sud Legmeerdijk 313, Aalsmer Aalsmeer Métro ligne 51 de Centraal Station jusqu'à l'arrêt De Boelelaan/VU, puis bus 357 ou 358 jusqu'à FloraHolland Hoofdingang Tél. 088 789 89 89 Lun.-ven. 7h-13h*

Dès l'aube, cette bourse aux fleurs réunit fournisseurs et acheteurs, qui négocieront des millions de fleurs en quelques heures !

In de Zotte Wilg

→ *Uiterweg 27A Bus 357 et 358 arrêt Hortensiaplein Tél. (0297) 32 46 06 Tlj. 11h (12h dim.)-23h*

Sole grillée et *sate* de porc à déguster au bord du lac, à l'intérieur ou en terrasse. Plat 14-26€.

Keukenhof

→ *À 37 km au sud-ouest Stationsweg 166a, Lisse Train jusqu'à Schiphol, puis bus 858 Tél. (025) 246 55 55 Fin mars-fin mai : tlj. 8h-19h30*

7 millions de plantes à bulbe, dont 800 sortes de tulipes, tapissent le plus grand parc floral du monde : une débauche de couleurs et de senteurs !

Paviljoens

→ *Mêmes horaires*

Disséminés dans le parc, cinq pavillons colorés servent crêpes, plats du pays, etc. Plat 11-16,50€.

Zandvoort

→ *À 31 km à l'ouest Trains directs de Centraal Station*

Depuis 1828, les Amstellodamois fréquentent cette station balnéaire, l'une des plus belles du pays ! 9 km de plage de sable, un village sillonné de petites rues, un circuit automobile et deux remarquables parcs dunaires : au nord, le Zuid-Kennemerland, planté de pins ; et au sud, le Waterleidingduinen, recouvert d'étangs et de bois abritant une très grande population de daims. Un réseau complexe de canaux d'infiltration permet d'approvisionner Amsterdam en eau.

Tijn Akersloot

→ *Blvd Paulus Loot 1b Tél. (23) 571 25 47 Tlj. 9h-0h*

Un pavillon sur la plage, prolongé d'une large terrasse en bois ! Poisson du jour, bavette, pizzas… Des plats simples, jusqu'à 22h. Plat 12-21,50€.

Haarlem

→ *À 17 km à l'ouest Trains directs de Centraal Station*

Maisons du XVIIe s., béguinages, monuments classés jalonnent le centre piéton de cette cité Renaissance, où il fait bon musarder. Le peintre du Siècle d'or Frans Hals (1580-1666), maître du portrait de groupe, y fit carrière : un splendide musée lui est consacré. Voir aussi p. 11.

Grand Café Brinkmann

→ *Grote Markt 13 Tél. (023) 532 31 11 Tlj. 8h (9h dim.)-0h*

Sur la place du marché, ce café Belle Époque est une institution ! Sous de très hauts plafonds, on y sert, entre autres, de copieux petits déjeuners. Plat 13,50-21,50€.

EDAM

Zaanse Schans

→ *À 12 km au nord-ouest Schansend 7, Zaandam Bus 391 de Centraal Station, IJzijde Tél. (075) 681 00 00 Tlj. 9h-17h*

Transportés entre 1961 et 1974 sur les rives de la Zaan, moulins à vent, granges, ateliers et maisons des XVIIIe-XIXe s. composent ce musée en plein air. Démonstrations de métiers : fabrication de sabots ou de fromage.

De Kraai

→ *Kraaienpad 1, Zaandam Tél. (075) 615 64 03 Avr.-oct. : tlj. 9h-18h ; nov.-mars : tlj. 9h-17h*

Les mille et unes crêpes, salées ou sucrées, mesurent 29 cm. Tenter celle à l'abricot-*advocaat* (liqueur d'œuf) ! Crêpe 9-12,50€.

Schermereiland

→ *À env. 28 km au nord Bus 305 de Centraal Station jusqu'à Middenbeemster (centre-ville)*

Bezoekerscentrum Beemster / Centre de visiteurs

Middenweg 185, Tél. (0299) 621 826 Avr.-oct. : mar.-dim. 10h-16h ; nov.-mars : ven.-dim. 13h-16h

En 1612, une zone maritime asséchée révèle une terre argileuse et fertile, où de riches marchands bâtiront leurs résidences secondaires. D'où cette réserve de polders classée par l'Unesco, où l'on se balade à pied ou à vélo sur un itinéraire de 60 km ! Au nord, les trois moulins de Schermerhorn (le deuxième abritant un musée) ; à l'ouest, les villages accolés de Graft et de De Rijp, aux architectures du Siècle d'or ; et au sud, l'imposant fort de Spijkerboor (XIXe s.).

Auberges de Graft-De Rijp

→ *De Rijp À 5 km à l'ouest de Middenbeemster (1h à pied, 17 min à vélo)*

Dans un ravissant décor du XVIIe s., plusieurs auberges à terrasse (sur Oosteinde, Rechtestraat et Grote Dam) servent sandwichs garnis, viandes et poissons. Plat 15-25€.

Edam

→ *À 20 km au nord-est Bus 312 ou 314 de Centraal Station IJzijde* ***Marché*** *Juil.-août : mer. 10h30-12h30*

Pôle économique majeur au XVIe s., ce village côtier typique de l'IJsselmeer doit sa célébrité à son fromage doré, exporté depuis le Moyen Âge. D'où son marché, créé en 1520 et conservé comme jadis : transports par bateau ou charrette, test, pesée...

De Fortuna

→ *Spuistraat 3 Tél. (0299) 37 16 71 Mar.-dim. 12h-15h, 18h-21h*

Au bord du canal, ce coquet restaurant concocte une gastronomie inventive et bio. Tournedos grillé au céleri-rave confit, quiche de légumes au vieil Edam, tartare de souris de veau et mousse d'œuf poché... Plat 13-23,50€.

CARNET PRATIQUE

Les infos essentielles pour séjourner à Amsterdam

CARTE DE VISITE

- Capitale des Pays-Bas
- Willem-Alexander, "Willy", roi des Pays-Bas
- Cours d'eau : l'IJ (au nord) et l'Amstel (au sud)
- 854 163 habitants
- 180 nationalités
- 18 millions de visiteurs/an
- 800 000 vélos
- 9 carillons
- 165 canaux
- 9 000 maisons classées
- 1 281 ponts

VUE AÉRIENNE

SE REPÉRER

Brug : pont
Dijk : digue
Eiland : île
Gracht : canal
Huis : maison
Kade : quai
Kerk : église
Plein : place
Steeg : allée
Straat : rue
Weg : route
Wijk : quartier
Zuiden : sud
Noorden : nord
Oosten : est
Westen : ouest

SUR PLACE

Amsterdam a un climat maritime, avec des hivers frais (0-3°), des étés doux (17-22°), et des intersaisons mitigées entre soleil et pluie. La période idéale se situe en mai-juin et sep., loin des foules de juil.-août. Saison des tulipes fin avril-début mai !

INTERNET

Amsterdam en ligne
→ *www.iamsterdam.com*
Site de l'office de tourisme.
→ *www.simplyamsterdam.nl*
Une mine d'infos.
Wifi
Répandu et gratuit.

INFORMATIONS TOURISTIQUES

Bureaux d'information
I Amsterdam Visitor Centre (VVV) (**A** C2)
→ *Stationsplein 10*
Lun.-sam. 9h-17h
Le principal.
→ *Dans l'IJ-Hall* (**A** D1)
Lun.-sam. 8h-19h (20h jeu.-sam.), dim. 10h-18h
Billetterie, boutique.
→ *Schiphol Airport Tlj. 7h-22h*

TÉLÉPHONE

Indicatifs
France-Amsterdam
→ *00 + 31 (indicatif des Pays-Bas) + 20 (indicatif régional) + n° de tél. à 7 chiffres*
Amsterdam-France
→ *00 + 33 (indicatif de la France) + n° de tél. (sans le 0 initial)*
Pays-Bas-Amsterdam
→ *020 (sauf dans la région d'Amsterdam) + n° de tél.*
Téléphones portables
→ *Débutent par 06 (sans le 0 initial depuis l'étranger)*
Numéros utiles
Urgences
→ *112*
Touristdoctor
→ *Tél. 427 50 11*

CALENDRIER

Jours fériés
→ *1er jan., dim. et lun. de Pâques, 27 avr. (jour du Roi), 5 mai (jour de la Libération), Ascension, dim. et lun. de Pentecôte, 25-26 déc.*
Janvier
Nationale Tulpendag
→ *3e sam. de jan.*
Journée de la tulipe. Sur le Dam (**A** B3), des parterres de fleurs que où l'on peut cueillir !
Paradiso Korendag
→ *3e w.-e. de jan. www.paradiso.nl*
Rendez-vous des chorales du pays au Paradiso (**C** B5) : jazz, pop, baroque, chants du monde...
Mars
Roze Filmdagen (**B** A2)
→ *10 j. en mars www.rozefilmdagen.nl*
Le plus grand festival de cinéma LGBTQ du pays.
Avril-juin
Koningsdag
→ *27 avr.*
Pour l'anniversaire du roi, spectacles et orange partout (couleur nationale).
Kunst Amsterdam Rai
→ *5-6 j. avril, Europaplein (sud de Pijp) www.kunstrai.nl*
Foire d'art contemporain.
World Press Photo (**A** A3)
→ *Avr.-juin, Nieuwe Kerk www.worldpressphoto.org*
Rencontre mondiale du photojournalisme.
Jour de la Libération
→ *5 mai, dans toute la ville*
Fête, spectacles de rue.
Open Tuinen Dagen
→ *3e w.-e. de juin www.opentuinendagen.nl*
30 jardins privés ouverts au public.
Holland Festival
→ *Tout le mois de juin, dans plusieurs salles de la ville www.hollandfestival.nl*
Le must culturel national : concerts, films, danse...

POINTS DE REPÈRE DANS LE CENTRE-VILLE

GRANDES HEURES

XIIIe-XIVe s. : un village de pêcheurs sur l'Amstel devient une ville.
XVe-XVIe s. : empire de Charles Quint. En 1578, triomphe des protestants sur l'Espagne catholique.
XVIIe s. : le "Siècle d'or". Les Compagnies des Indes orientales et occidentales en Asie, en Afrique et en Amérique.
XIXe s. : en 1808, capitale du royaume de Hollande.
XXe s. : de 1965 à 1970, mouvement anarchiste (provo), qui fera école.
XXIe s. : en 2013, les canaux fêtent leurs 400 ans.

Juillet-août
Over het IJ Festival
→ *Une dizaine de j. en juil.*
www.overhetij.nl
Théâtre, musique dans les anciens chantiers de l'IJ.
Openluchttheater (**E** B3)
→ *Tout l'été, Vondelpark*
www.openluchttheater.nl
Spectacles en plein air.
Gay Pride
→ *1er w.-e. d'août, Prinsengracht, Amstel, Stopera*
www.amsterdamgaypride.nl
Avec défilé de péniches !
Grachtenfestival
→ *9 j. en août*
www.grachtenfestival.nl
Musique classique dans les musées, les parcs, etc.
Septembre-octobre
Jordaan Festival (**B**)
→ *Déb. sep., Jordaan*
www.jordaanfestival.nl
Performances, chansons, danse, théâtre de rue...
Open Monumentendag
→ *Un w.-e. mi-sep.*
www.openmonumentendag.nl
Journées du patrimoine.
UNSEEN Photo Fair
→ *3e w.-e. de sep.*
www.unseenamsterdam.com
Photo contemporaine à Westergas (hors plan **B** A2).
Marathon
→ *3e dim. d'oct.*
De l'Olympic Stadium aux rives de l'Amstel.
Novembre-décembre
Museumnacht
→ *1er sam. de nov. www.n8.nl*
Nuit des musées, ouverts jusqu'à 2h du matin.
KLIK ! / Amsterdam Animation Festival (**F** C2)
→ *IJ-promenade*
Début nov., EYE Filmmuseum
www.klikamsterdam.nl
Festival du film d'animation.
Sinterklaas
→ *Défilé : 1er dim. après le 15 nov. ; fête : 5-6 déc.*
Saint-Nicolas : parades, distribution de bonbons...
Amsterdam Art Weekend
→ *Dernier w.-e. de nov.*
www.amsterdamart.com
Expos d'artistes émergents et évènements dans 50 espaces de la ville.
Amsterdam Light Festival
→ *Déb. déc.-mi-jan. www.amsterdamlightfestival.com*
Installations lumineuses dans la ville.

ARGENT

Budget
Hébergement
Env. 90-120€ pour une chambre double.
Musées
Entre 8 et 18€.
Restaurants
Plus onéreux le soir (plat 15-30€). Prix sages dans les nombreux cafés et traiteurs. Laisser 5 % de l'addition, ou l'arrondir.
Sorties
Consommations et droits d'entrée peu élevés.
Carte bancaire
Distributeurs partout, mais attention : paiement par CB pas toujours accepté.

HORAIRES

Jours fériés et fermetures annuelles
Lors des jours fériés, horaires réduits ou fermeture de la plupart des magasins et des musées. Trêve des 25-26 déc. et du 1er jan. très respectée.
Restaurants
→ *Traiteurs (env. 9h-18h) et brasseries (env. 11h-22h) mis à part, la plupart des restaurants n'ouvrent qu'à l'heure du dîner (18h-22h)*
Musées
→ *En général, tlj. 10h-18h*
Magasins
→ *En général, lun.-sam. 10h-18h (17h sam.) et dans le centre, dim. 12h-17h*
Sorties
→ *En général, cafés 10h-1h, bars 16h-1h et clubs 22h-3h Plus tard ven. et sam.*

ARCHITECTURE

Renaissance (XVIe-XVIIe s.)
Briques, clochers, pignons ornementés (volutes, obélisques). Hendrick De Keyser (1565-1621).
Huis Bartolotti (B C5)
Classicisme (XVIIe s.)
Reprise des styles de l'Antiquité. Jacob Van Campen (1596-1657), Philips (1607-1678) et Justus Vingboons (1620-1698).
Koninklijk Paleis (A A3)
À l'orée du XXe s.
Style néo-Renaissance – **Centraal Station (A C1)** – puis Art nouveau et Art déco – **Theater Tuschinski (D B2)**, et fonctionnalisme de Berlage (1856-1934) – **Beurs van Berlage (A B3)**.
École d'Amsterdam (XXe s.)
Style expressionniste utilisant la brique : Johan Van der Mey (1878-1949), Piet Kramer (1881-1961), Michel de Klerk (1884-1923).
De Dageraad (E F4)
Architecture contemporaine
(Post-)modernisme sobre ou expérimental. Voir p. 9 et *Les balades* (**G**).
Openbare bibliotheek (F A3)
→ *Oosterdokskade 143*
Bibliothèque géante de Jo Coenen (2007).
Oostelijk Havengebied (F B2-D4)
Zone portuaire orientale.
A'Dam Toren (F D2)
→ *Tlj. 10h-22h*
Ancienne tour Shell (Arthur Staal, 1971) reliftée, avec vue à 360°.

COFFESHOP SMOKEY SUR REMBRANDTPLEIN

DROGUES

Consommation, culture et vente interdites, selon les drogues douces (dépénalisées en dessous de 5 g) et dures (pénalisées). Ne jamais en acheter dans la rue.
Coffeeshops
En 2011, les *coffeeshops* ont été interdits aux étrangers pour lutter contre le tourisme "cannabique". Depuis, la loi a été assouplie et les touristes y sont tolérés.
Hash, Marihuana & Hemp Museum (A C4)
→ *Oudezijds Achterburgwal 148*
hashmuseum.com

SE RESTAURER

Usages
Petit déjeuner copieux : pain, charcuterie et laitages. Puis, déjeuner léger : sandwich, salade ou soupe.
Le dîner constitue le repas principal, que l'on fait précéder d'un verre au bar et de snacks : *bitterballen* (voir ci-dessous), fromage...
Établissements
Restaurants
Réserver, surtout le w.-e. !
Traiteurs
Produits de qualité, sur place ou à emporter.
Cafés bruns
Cafés aux murs patinés (d'où leur nom) par trois siècles de tabac ! On peut y goûter des plats locaux, comme le *stamppot*.
Grands cafés (ou cafés blancs)
À midi : sandwichs, snacks et salades. Intérieur design, clientèle branchée.
Proeflokaal
Comptoirs de dégustation : genièvre, bières et liqueurs.
Cafés-bars
En soirée, la plupart servent en-cas et plats simples.
Stands de rue
Stands de poissons fumés de mars à déc. Spécialité : le *broodje haring*.
Spécialités
Quelques restaurants servent des plats typiques du pays, à base de choux, de pommes de terre et de viande, et certains sont gastronomiques. Nombreuses tables indonésiennes, chinoises et surinamiennes.
Bitterballen : croquettes de viande servies avec de la moutarde
Broodje haring : petit pain au lait garni de hareng cru
Kaas : nombreux fromages comme le gouda ou le *geitenkaas* (chèvre)
Poffertjes : petites crêpes moelleuses saupoudrées de sucre
Rijsttafel : "table de riz", assortiment de petits plats indonésiens
Stamppot : mélange de purée de pomme de terre et de légumes, le plat chaud traditionnel néerlandais.

VISITES

Attention : réservation indispensable au Van Gogh Museum (**E** D3) et uniquement en ligne à la Anne Frank Huis (**B** B5), et très conseillée au Rijksmuseum (**E** D2).
I Amsterdam City Card
→ *www.iamsterdam.com*
60€/1 j., 80€/2 j., 95€/3 j., 105€/4 j.

PATIN À GLACE SUR LES CANAUX

Accès à plus de 60 musées, réductions dans certains restaurants, théâtres, etc. Voir p. 16.

MK (Museumkaart)
→ *En vente dans les musées*
Tarif 64,90€ (32,45€ - de 18 ans) par an
Accès à 400 musées néerlandais.

SORTIES

Programme
I Amsterdam Magazine
→ *VVV, kiosques et hôtels*
Trimestriel en anglais (4,95€).

Théâtre
Theater Amsterdam (hors plan **B** B1)
→ *Danzigerkade 5 Bus 48 et 248 de Centraal Station*
www.theateramsterdam.nl
Ultramoderne et au bord de l'IJ. Traductions multilingues sur tablette.

Vie nocturne
Trépidante ! Cafés de quartier dans le Jordaan (**B**), concerts vers Leidseplein (**C** B4), bars gays sur Reguliersdwarsstraat (**D** A2), étudiants autour d'Albert Cuypmarkt (**E** F3) et du Spui (**A** A5), branchés dans l'Oud-West (**E**), alternatifs dans le Noord (**F**). Quartier Rouge (**A**) toujours embrasé !

SHOPPING

Mode
Prêt-à-porter jeune sur Kalverstraat (**A** A4-B6), Nieuwendijk (**A** B1-B3) et Haarlemmerstraat (**B** C4), de luxe sur P. C. Hooftstraat et Van Baerlestraat (**E** C2).

Boutiques insolites
Quartier des 9 *stratjes*, ruelles perpendiculaires aux canaux (**C** B2-C3).

Antiquaires
Nieuwe Spiegelstraat et Spiegelgracht (**C** C4-C5).

Grand magasin
De Bijenkorf (**A** B3)
→ *Dam 1 Tél. 088 245 44 88*
Tlj. 11h (10h mar.-sam.)-21h

Centre commercial
Magna Plaza (**A** A3)
→ *N. Voorburgwal 182*
Tlj. 10h-22h.

Marchés alimentaires
Albert Cuypmarkt (**E** F3)
→ *Lun.-sam. 10h-17h*
Le plus grand de la ville.

Dappermarkt (**F** B5)
→ *Dapperstraat*
Lun.-sam. 9h-17h
Un joyeux melting-pot.

Noordermarkt (**B** C4)
→ *Sam. 9h-16h*
Marché bio.

Marchés aux puces
Waterloopleinmarkt (**D** C1-D1)
→ *Lun.-sam. 9h-17h (variable)*

IJ-Hallen (**F** C1)
→ *Neveritaweg 15 2e w.-e. du mois 9h-16h30*
Entrée 5€

Marché aux fleurs
Bloemenmarkt (**C** D3)
→ *Tlj. 9h (11h dim.)-17h30*

AMSTERDAM AUTREMENT

À vélo
Amsterdam Velo (**A** B2)
→ *Spuistraat 10*
www.amsterdam-velo.com
Tarif 30€, durée 2h30 à 3h
Balades avec un guide francophone. Vélos fournis.

À la plage
Dok (hors plan **B** A1)
→ *Joan Muyskenweg 14*
De Centraal Station bus 48 jusqu'au terminus
www.dokamsterdam.nl
Feu de camp, musique et aire de jeux pour enfants.

Pllek (**F** C1)
→ *T.T. Neveritaweg 59*
De Centraal Station, ferry NDSM
www.pllek.nl
Sable, guinguette branchée et soirées *dance*.

De VerbroederIJ (**F** C1)
→ *J. van Hasseltweg 21*
www.deverbroederij.nl
Une plage-jardin-café-salle de bal !

AÉROPORT

Amsterdam Airport Schiphol
→ *À 18 km au sud-ouest*
Tél. 794 08 00
www.schiphol.nl
Liaisons centre-ville
→ *Trajet 20-50 min (taxis et navettes) ; 30-45 min (bus) ; 20-25 min (train)*
Schiphol hotel shuttle
→ *Ttes les 30 min 17,50€*
Bus nº 397
→ *Ttes les 10 min Tarif 6€* Vers Leidseplein (**C** B4).
NS train
→ *Ttes les 5-15 min (ttes les h la nuit) Tarif 5,30€*
Taxi collectif
→ *Schiphol travel taxi 24€*
Taxi
→ *Env. 45-55€*

ACCÈS AÉROPORT

TRANSPORTS

Les informations relatives aux transports figurent dans les encadrés.

HÉBERGEMENT

Attention : l'hébergement est très cher, surtout quand il est confortable. Sauf mention contraire, les prix indiqués dans ce guide correspondent à une chambre double avec salle de bains (sdb), en haute saison (avr.-août) avec petit déjeuner, taxe de 6 % parfois non incluse. Réserver !

APPARTEMENTS

Pour vivre comme un Amstellodamois. Penser aussi au site www.airbnb.fr

CityMundo
→ *Tél. 470 57 05*
amsterdam.citymundo.com
Des appartements, des studios, des chambres chez l'habitant et même des *houseboats*. Pour 2 pers., 85-200€/nuit.

AUBERGES DE JEUNESSE

Les auberges de jeunesse Stayokay (Hostelling International) offrent des réductions aux adhérents.

Hans Brinker Budget Hotel (**C** C4)
→ *Kerkstraat 136-138*
Tél. 622 06 87
www.hansbrinker.com
Un hôtel bon marché au confort spartiate. Bar et discothèque. À partir de 26€/pers. (dortoir), double 76€.

My Home (**B** D4)
→ *Haarlemmerstraat 82*
Tél. 624 23 20 www.amsterdambudgethotel.com
Atmosphère multilingue et chambres correctes, dans cette rue vivante, non loin de la gare. 30-45€/pers. (dortoir), double avec sdb commune 70-95€.

Stayokay Amsterdam Oost (**F** C4)
→ *Timorplein 21 Tél. 551 31 90*
www.stayokay.com
Ultramoderne, à l'image de son quartier, cette auberge cohabite avec le cinéma Studio K et son café à terrasse. Belle cafétéria rouge et blanc. Petit déj. 7€. À partir de 34€/pers. (dortoir), double 80-140€.

Stayokay Stadsdoelen (**A** C5)
→ *Kloveniersburgwal 97*
Tél. 624 68 32
www.stayokay.com
Cette auberge grande et propre propose des services divers (billets musées, ordinateurs à louer, laverie, etc.). Petit déj. 7€. 10 lits à partir de 34€/pers. (dortoir), double 90-140€.

Stayokay Vondelpark (**E** C2)
→ *Zandpad 5 Tél. 589 89 96*
www.stayokay.com
En bordure du Vondelpark, une auberge immense et lumineuse. Bar et restaurant, vélos à louer, salle de billard, billetterie… Petit déj. 7€. À partir de 34€/pers. (dortoir), double 110-160€.

The Flying Pig Uptown Hostel (**E** C2)
→ *Vossiusstraat 46*
Tél. 400 41 87 www.flyingpig.nl
À deux pas des musées et du Vondelpark, un staff et une clientèle composés de baroudeurs. À partir de 34€/pers. (dortoir), double 80-110€.

The Flying Pig Downtown Hostel (**A** C2)
→ *Nieuwendijk 100*
Tél. 420 68 22 www.flyingpig.nl
Le plus central des deux Flying Pig. Cuisines, coin fumeur, livres, billard… À partir de 40€/pers. (dortoir), double 70-95€.

Generator Amsterdam (**F** B5)
→ *Mauritskade 57*

GARES

9 gares (trains et bus).
Centraal Station
(**A** C1)
Destinations nationales et internationales.
→ *9292.nl*
Trajets dans le pays.
→ *www.ns.nl*
Site des chemins de fer néerlandais.
Thalys
→ *www.thalys.com*
De Paris : trajet 3h15.
Duivendrecht Station
(hors plan **F** C6)
→ *M° Duivendrecht*
Trains et bus régionaux.
Eurolines
→ *www.eurolines.fr*
De Paris : trajet 13h.

BATEAU-MOUCHE SUR REGULIERSGRACHT

TAXIS

Stations
Centraal Station IJzijde (**A** D1), Spui (**A** A5), Nieuwmarkt (**A** D4), Rembrandtplein (**D** B2), Amstel (**D** A2) et Leidseplein (**C** B4).
Tarif de base : 2,95€, puis 0,36€/minute et 2,17€/km.
Pas de tarif de nuit.
Centrale
→ *Tél. 777 77 77 (24h/24)*

BATEAUX

Ferries
→ *Tél. 0900 80 11 Tlj. 6h-1h (selon trajets) www.gvb.nl Ttes les 5-10 min Gratuit*
Ils relient le centre-ville aux quartiers nord, est et ouest. Trajets de nuit (*0h-3h*) entre Centraal Station, Houthaven et NDSM (**F** C1).
Embarcadères
→ *Centraal Station* (**A** C1)
→ *Houthaven* (**B** C1)
→ *Azartplein* (**F** C2)
Bateaux urbains
Stromma Nederland (**E** D2)
→ *Weteringschans 26 Tél. 217 05 00 Tlj. 9h30-19h (20h juil.-août) www.stromma.nl* ***Forfait*** *24,50€/24h*
Un bateau-bus "hop-on hop-off", desservant les sites principaux. 1 à 3 lignes en fonction de la période de l'année.
Blue Boat Company (**C** B5)
→ *Stadhouderskade 30 Tél. 679 13 70* ***Circuit*** *Tlj. 10h-18h (75 min), le soir à partir de 20h (90 min) www.blueboat.nl* ***Ticket*** *18-21€*
Bateau-mouche, pour un premier aperçu.

Tél. 708 56 00
www.generatorhostels.com
Dans un ancien bâtiment universitaire, cet hôtel aux couleurs gaies, donnant sur l'Oosterpark, compte 168 chambres et un appartement pour six avec cuisine (432€). L'amphithéâtre transformé en bar accueille un DJ certains soirs. Petit déj. 9,50€. 45€/pers. (dortoir), double 110-135€.

70€-120€

Van Ostade Bicycle Hotel (**E** E4)
→ *Van Ostadestraat 123 Tél. 679 34 52 www.bicyclehotel.com*
Location de vélos, cartes, petit déj. solide... Ici, le cycliste est roi ! Chambres simples et avenantes. 70-135€.
Amstel Botel (**F** C1)
→ *NDSM Pier 3 Tél. 626 42 47 www.amstelbotel.nl*
Aménagées comme des cabines de bateau, les 175 chambres de cet hôtel flottant regardent l'eau ou la lande. Salle à manger de même style et *drink* bar. Petit déj. 12€. 97€.
Levant B & B (**F** D3)
→ *Levantkade 90 Tél. 06 547 14 390 (portable) www.levantbb.nl*
Face au paysage futuriste de l'île de KNSM, une belle chambre unique avec sdb cosy dans un ancien cargo reconverti... Sur le pont, on peut prendre le soleil ! Petit déjeuner (25€ pour 2 pers.) servi à bord ou dans un café voisin. 100€.
Hotel Hoksbergen (**C** C2)
→ *Singel 301 Tél. 626 60 43 www.hotelhoksbergen.nl*
Chambres lumineuses et simples dans une maison de canal le long du Singel, qui loue aussi des appartements, à 200 m. 110-190€.

120-170€

Hotel Café Modern (**F** A1)
→ *Meidoornweg 2 Tél. 494 06 84 www.hotelcafemodern.nl*
Au-dessus du restaurant Modern, trois chambres dans l'esprit branché du Noord : tons vifs, baignoire design, porte évoquant la tôle... 120-165€.
Amsterdam House Hotel Eureka (**A** C5)
→ *'s-Gravelandseveer 3-4 Tél. 624 66 07 / 626 25 77 www.amsterdamhouse.com*
Des chambres douillettes dans un hôtel fleuri, avec des vues sur le canal Amstelgracht. Petit déj. 12,50€. À partir de 140€.
Pension Homeland (**F** A3)
→ *Kattenburgerstraat 5 Tél. 723 25 50 www.pensionhomeland.com*
Sur l'ancien terrain de l'Amirauté, le mess des

CENTRAAL STATION

À VÉLO !

VÉLOS

Location 15-25€/j. Caution et pièce d'identité.

Mac Bike
→ *Centraal Station De Ruijterkade 34B* (**A** D1)
→ *Oosterdokskade 63A*
À 5 min à pied de Centraal Station (**F** A3)
→ *Weteringschans 2* (**C** B5)
→ *Waterloopl. 199* (**D** D1)
→ *Overtoom 45* (**E** C2)
Tél. 620 09 85 Tlj. 9h-18h

Rent a bike Amsterdam (**B** A5)
→ *3e H. de Groostraat 2*
Tél. 261 18 63 Tlj. 10h-17h30

Frédéric Rent a Bike (**B** D4)
→ *Binnen Wiringestraat 23*
Tél. 624 55 09 Tlj. 9h-17h30

officiers, devenu hôtel, offre d'agréables chambres au décor années 1960. 140-240€ (4 pers.).

Owl Hotel (**E** C2)
→ *Roemer Visscherstraat 1*
Tél. 618 94 84
www.owl-hotel.nl
Un privilège que de séjourner dans cette rue de villas du XIXe s., à l'orée de Vondelpark ! Chambres calmes, coin salon derrière les verrières, billetterie, vélos à louer... Petit déj. 9,50€. 145-210€.

St Christopher's at Winston (**A** C3)
→ *Warmoesstraat 129*
Tél. 623 13 80 www.winston.nl
Couleurs bonbon, peau de vache, satin noir... Les 30 chambres ont été pensées par des artistes dans l'esprit du quartier Rouge ! Aussi des dortoirs (45-65€/pers.). 150-200€.

Volkshotel (**F** A6)
→ *Wibautstraat 150*
Tél. 261 21 00
www.volkshotel.nl
Logée dans l'ancien immeuble du journal Volkskrant, cette adresse insolite, au décor de verre et de béton, offre des vues sur la ville ! Sur le toit, le club Canvas op de 7de (hors plan **D** D4). Petit déj. 12€. 150-260€.

Hotel Seven Bridges (**D** B3)
→ *Reguliersgracht 31*
Tél. 623 13 29
www.sevenbridgeshotel.nl
Marbre et style Biedermeier pour des chambres cossues (dont une avec cheminée) au décor raffiné : parquets en chêne, moulures, tapis d'Orient. Pas de petit déj. 150-285€.

Hotel La Bohème (**C** B4)
→ *Marnixstraat 415*
Tél. 624 28 28 www.la-boheme-amsterdam.com
Des chambres aux notes joyeuses, à deux pas de Leidseplein. Bel accueil au bar-réception. 160-210€.

Linden Hotel (**B** B4)
→ *Lindengracht 251*
Tél. 622 14 60
www.lindenhotel.nl
Dans cette typique maison du Jordaan : des chambres au confort contemporain, d'un calme olympien, au bout d'un escalier raide. Petit déj. 12,50€. 160-300€.

Conscious Hotel Museum Square (**E** C3)
→ *De Lairessestraat 7*
Tél. 671 95 96
www.conscioushotel.com
Chambres spacieuses au design sobre, dans un hôtel "clef verte", soucieux de l'environnement et près des grands musées. Petit déj. 15€. 165-255€.

Lloyd Hotel (**F** C3)
→ *Oostelijke Handelskade 34*
Tél. 561 36 07
www.lloydhotel.com
Ce fleuron de l'Art déco (1921) fut longtemps un centre de transit pour immigrants européens en route pour l'Amérique. Il fait la joie des amateurs de design : salle de bains dépliable, lit pour huit... Petit déj. 17,50€. 165-400€.

170-300€

Hotel Dwars (**D** C3)
→ *Utrechtsedwarsstraat 79*
Tél. 06 19 55 56 51
www.hoteldwars.com
Tons ocre, murs de briques, tissus raffinés et mobilier vintage dans cet hôtel au confort douillet et tout en hauteur. Pas de petit déj. sur place, mais le nécessaire à disposition pour le thé ou des expressos dans les neuf chambres ! 170-220€.

Mr. Jordaan Hotel (**B** B5)
→ *Bloemgracht 102*
Tél. 626 58 01
www.mrjordaan.nl
En plein cœur du Jordaan

TRAMWAY SUR REMBRANDTPLEIN

MÉTRO WATERLOOPLEIN

dans une maison du XVIIe s., un trois-étoiles soigné qui mise sur la brique et un bois apparent aux tons grèges et roses. 34 chambres cosy et une jolie salle de petit déj. (12,50€). 170-220€.

Hotel De Hallen (**E** B1)
→ *Bellamyplein Tél. 820 86 70 www.hoteldehallen.com*
Les chambres et suites, design et tout confort, s'alignent le long d'un patio aménagé sous le complexe De Hallen, le must de l'Oud-West. 175-265€.

Hotel Arena (**F** A5)
→ *s'Gravesandestraat 51 Tél. 850 24 00 www.hotelarena.nl*
Au sud du Plantage, cet hôtel vaste et clair compte aussi quelques lofts. Night-club branché. Petit déj. 19,50€. Chambres, studio et suites 195-350€.

NH Schiller (**D** B2)
→ *Rembrandtplein 26-36 Tél. 701 80 42 www.nh-hotels.com*
Belles chambres épurées pour ce grand hôtel Art déco réputé ! Demander la vue sur le square. Petit déj. 19,50€. À partir de 200€.

PALACES

American Hotel Amsterdam (**C** B4)
→ *Leidsekade 97 Tél. 556 30 00 www. amsterdamamericanhotel.com*
Derrière une illustre façade Art déco, le Café Américain, un pur joyau Art nouveau, et des chambres tout confort dans le même esprit. Petit déj. 20€. 240-540€.

Ambassade Hotel (**C** C2)
→ *Herengracht 341 Tél. 555 02 22 www.ambassade-hotel.nl*
Installé dans dix demeures patriciennes des canaux, l'Ambassade marie les atmosphères du Siècle d'or et d'aujourd'hui : tissus précieux, sdb en marbre, riche bibliothèque, œuvres de peintres CoBrA... Petit déj. 19,50€. 250-450€.

Amrâth (**A** D3)
→ *Prins Hendrikkade 108 Tél. 552 00 00 www.amrathamsterdam.com*
Pour admirer l'ancienne maison de la Navigation (Scheepvaarthuis, 1913-1928), conçue dans le style de l'école d'Amsterdam. L'Art nouveau règne dans les 165 chambres et suites, le bar et le restaurant. 310-785€, petit déj. compris.

The Dylan (**C** B3)
→ *Keizersgracht 384 Tél. 530 20 10 www.dylanamsterdam.com*
Design contemporain, atmosphère feutrée, mobilier astucieusement disposé... Clientèle du show-biz et des affaires. Petit déj. 28€. 490-1 150€.

TRANSPORTS EN COMMUN

GVB
→ *Tél. 0900 80 11 Tlj. 5h40-0h30 env., et à partir de 6h-7h w.-e. et j. fér. www.gvb.nl*
Agence devant la gare, sur Stationsplein (**A** C2).

Tramway
14 lignes.

Métro
Il dessert la banlieue et la ville du nord au sud.

Bus
Circulent surtout au-delà des canaux.

Bus de nuit (0h30-6h)
→ *Ticket spécial : 4,50€*
10 lignes : 281 à 285, 287 à 289, 291, 293.

Titres de transport
→ *Vente : VVV, agences GVB, buralistes, marchands de journaux AKO, postes, et à bord*

OV-Chipkaart
→ *Tarif 7,50€, puis crédit*
Carte rechargeable : bus, tram, métro, train.

Ticket à l'unité
→ *3,20€ (valable 1h)*

Tickets à la journée
→ *8,50€/1 j. ; 36,50€/7 j.*

Amsterdam Travel Ticket
→ *17€/1 j. ; 28€/2 j. ; 36€/3 j.*
Transports dans la ville, et un AR vers l'aéroport.

Amsterdam & Region Dagkaart
→ *18,50€/1 j. ; 26€/2 j. ; 33,50/3 j.*
Dessert aussi les environs.

I Amsterdam City Card
→ *www.iamsterdam.com 60€/1 j., 80€/2 j., 95€/3 j., 105€/4 j.*
Tous transports, musées, réductions.

LEXIQUE

Expressions utiles

Oui : ja
Non : nee
Bonjour : goedendag
Salut : hallo
Au revoir : tot ziens
Comment allez-vous ? Hoe gaat het met u ?
S'il vous plaît : alstublieft
Merci : dank
Je vous en prie : Niets te danken, alstublieft
Excusez-moi : Excuseer mij
Je suis français / française : Ik ben Fransman / Frans
Je ne parle pas néerlandais : Ik spreek geen Nederlands
Je ne comprends pas : Ik begrijp het niet
Combien coûte... ? Wat kost ... ?
Y a-t-il... ? Zijn er... ?
Où est... ? Waar is... ?
Je cherche... Ik zoek...
Je voudrais... Ik wil graag...

Temps et chiffres

Aujourd'hui : vandaag
Hier : gisteren
Demain : morgen
Matin : ochtend, morgen
Après-midi : vanmiddag
Soir : avond
Quelle heure est-il ? Hoe laat is het ?
Il est 1h : Het is een uur
À midi : tussen de middag
À minuit : middernacht
Lundi : maandag
Mardi : dinsdag
Mercredi : woensdag
Jeudi : donderdag
Vendredi : vrijdag
Samedi : zaterdag
Dimanche : zondag
Un : een
Deux : twee
Trois : drie
Quatre : vier
Cinq : vijf
Six : zes
Sept : zeven
Huit : acht
Neuf : negen
Dix : tien
Onze : elf
Douze : twaalf
Treize : dertien
Quatorze : veertien
Quinze : vijftien
Seize : zestien
Dix-sept : zeventien
Dix-huit : achttien
Dix-neuf : negentien
Vingt : twintig
Cent : honderd
Mille : duizend

Transports et repères

Métro : metro
Bus : bus
Arrêt de bus : bushalte
Bateau : boot
Avion : vliegtuig
Aéroport : luchthaven
Taxi : taxi
Station de taxis : taxistandplaats
Car : treinwagon
Train : trein
Gare : station
Gare routière : busstation
Vélo : fiets, rijwiel
Voiture : auto, wagen
Avion : vliegtuig
Aéroport : luchthaven
Rue : straat
Place : plaats
Tour : toren
Maison : huis
Pont : brug
Ville : stad
Château : kasteel
Marché : markt
Colline : heuvel
Musée : museum
Église : kerk
Fleuve : rivier
Mairie : gemeentehuis, stadhuis
Office de tourisme : VVV-kantoor
Trajet : traject, afstand
Plan, carte : landkaart
Proche : dichtbij
Loin : ver
Entre : tussen
En face : tegenover
Devant : voor
Derrière : achteraan
À côté de : naast
À gauche : links
À droite : rechts
Tout droit : rechtdoor
Tournez à droite : Ga rechtsaf
Je me suis perdu : Ik ben verdwaald
Adulte : volwassene
Enfant : kind
Aller simple : enkele reis
Aller-retour : retourtje

Signalétique

Entrée : ingang
Sortie : uitgang
Ascenseur : lift
Escalier : trap
Pousser : openduwen
Tirer : dichttrekken
Rez-de-chaussée : begane grond
Premier étage : eerste verdieping
Toilettes : toilet
Hommes : herentoilet
Femmes : damestoilet
Interdit : verboden
Ouvert : geopend
Fermé : gesloten

Hébergement

Auberge de jeunesse : jeugdherberg
Chambre simple / double : eenpersoonskamer / tweepersoonskamer
Drap : laken
Oreiller : hoofdkussen
Couverture : deken
Je voudrais réserver une chambre : Ik wil een kamer boeken
Petit déjeuner inclus : inclusief ontbijt
Réservation : reservering, boeking

Restauration

Avez-vous une table pour deux ? Hebt u een tafel voor twee ?
Pouvez-vous me donner l'addition ? Kunt u mij het rekening geven ?
Sur place : ter plaatse, ter plekke
À emporter : meenemen
Eau du robinet : kraanwater
Chocolat chaud : warme chocolademelk
Thé : thee
Jus d'orange : sinaasappelsap
Vin rouge / blanc : rode / witte wijn
Bière : bier
Entrée : voorgerecht
Plat principal : hoofdgerecht
Dessert : nagerecht, dessert
Carte : menukaart
Plat du jour : dagmenu

High-tech

Wifi : wifi, Internetverbinding
Mot de passe : wachtwoord
Téléphone : telefoon
Ordinateur portable : laptop

Argent

Argent : geld
Prix : prijs
Gratuit : gratis, kosteloos
Tarif réduit : gereduceerde tarieven
Distributeur : geldautomaat
Carte de crédit : creditcard

PRONONCIATION

Ch se prononce [g]
Ee : [é] prolongé
D : [t] en fin de mot
G : [rh], son guttural semblable à la *jota* espagnole
H est fortement aspiré
J : [y]
Sj : [ch]

Les noms de rues et de lieux de visite, classés par ordre alphabétique, sont suivis d'un carroyage, dont la lettre en gras **A, B, C...** indique le quartier et la carte correspondante. L'étoile ✪ renvoie aux pages "Les incontournables", p. 2 à 11.

Rues

Monuments et lieux de visite